還暦欧州苦行紀行
アイルランドおよびポルトガルにて

小田 伸
ODA Shin

文芸社

まえがき

　60歳になったので定年退職した。再任用という手もあったが、今まで通りに働くのはよそうと思った。体を酷使してきたからか、50代後半から右膝に痛みが出るようになり、退職後、整形外科に通う身になってしまった。

　昔話をします。

　以前勤務していたA農業高校は、創立60周年記念事業としてオランダ王国WカレッジR校と姉妹校提携を結び、私も17年前の2007年6月、45歳の時、引率教員のひとりとして12日間の交流事業に参加し、初めてのヨーロッパ滞在を経験した。私の他、引率したのは主任教員1名と実習教員1名および参加生徒10名だった。

　オランダ・スキポール空港に着き、R校副校長H氏がやや大きめのワゴン車とあと数台で出迎えてくれた。この時、H氏は車を指さし、「＊＊d car」と言っている。が、数回聞き直しても、「＊＊d」の部分が全然分からない。暫くして、"ああ、「old car」か"と気付くまでに結構時間と根気がいった。

　私がホームステイしたのはR校の教員M氏（♀、40歳くらい）の家庭（写真家の夫〈40歳？〉と子供達2人〈♀8歳と、

♂7歳〉）で、オランダ人の母語は当然オランダ語で、会話は共通言語として英語を用いた。しかし、初っ端から old car が分からないのだから、英会話なんてできる気がしなかった。

　ところが、2日もホームステイしていると、1つのセンテンスの中に聞き取れる単語が1つ2つと増えてきた。そしてある瞬間電流がつながった。ああ、分かった！　一箇一箇のバラバラな単語が、1つのセンテンスとして理解できたのだ。そしてその後、1つのセンテンスが2つになり3つになり、全体として何を言っているのかが、かなり理解できるようになっていった。私も、知ってる英語表現をとにかくベラベラ話すように心がけた。そして、いちいち日本語から英語への変換が面倒臭くなり、直接英語で思考するように脳が進化していった。40歳過ぎてても、人は成長するんだと思った（ただし、私の英語能力は英検3級＝中学3年生程度ですが）。

　その他にもM氏には土日の休日を利用して、いろいろな所に連れていってもらった。なかでもデン・ハーグのマウリッツハイス美術館でフェルメールの有名な『真珠の耳飾りの少女』をほぼ独占状態で鑑賞したことや名指揮者ネーメ・ヤルヴィ率い

まえがき

るレジデンティ管弦楽団の演奏を運河上の野外コンサートで聴いたことなど贅沢なひとときだった。

　もし亡命するならオランダかなくらい、私にとって大きな経験の数々（苦い失敗も含め／後述する）だったし、他のヨーロッパ諸国も見てみようと思うようになった。だから、定年退職したらヨーロッパを旅したいという気持ちはずっと温めていた希望だった。

　しかし、定年退職して時間は作ったものの、実際に外国にひとりで行くとなると、けっこう肉体的にも精神的にも（金銭的にも）厳しいものがある。しかも、下火になってきたとはいえ、コロナウイルスの感染リスクは低くなく、ロシアのウクライナ侵攻も始まった。やめる理由はいくらでも思い付くが、ここで行かなかったら一生後悔すると思った。

　本書は、60歳過ぎの老人の海外単独旅行記である。最初の訪問国がアイルランドなのは私の姪がたまたま語学留学していたからである。海外旅行初心者だから不測の何かが起きた時（そうならないように準備はしたが）に助けてもらおうという甘い考えからだが。

凡例
1　一人称の表記
　本書では、「私」や「俺」「オレ」の表記がなされますが、あえて統一しません（日常会話では「僕」といったり、SNSでは「小生」も使います）。「私」という存在は、過去からの自己同一性を保ちつつ、原子核の周りの電子雲のように質点としてとらえることができないのに似ています。
2　差別的な表現
　この本は、私の旅行中のメモ書きを改変することなく、なるべくそのままにまとめております。そのため中には、他民族・人種、女性や障碍者、貧困層等に対する偏見が感じられる表現があるかも知れません。また、生物学的に女性：♀、男性：♂の記号を使っている箇所があります。もしも読まれてご不快に感じられましたら、大変申し訳ありません。
　私自身、常日頃、偏見を抱かないように心がけており、差別を意識した時にはその都度、胸に手を当てて反省しています。しかし、この本の内容は、表現の自由を逸脱していないと信じています。

3　登場する人物名

　登場人物や団体はすべて実在します。しかし、個人情報保護の観点から、本名の人は本人の同意を得て使用し、それ以外は仮名です。ちなみに、「私」は本名です。AやH、Mなどローマ字の人や団体もあります。

4　ワールドツアーⅠとⅡについて

　「ワールドツアーⅠ」はアイルランド紀行、「ワールドツアーⅡ」はポルトガル紀行のことです。

5　略称について

　KIXは関西国際空港、CDGはシャルル・ド・ゴール空港、DUBはダブリン空港、AMSはスキポール空港の略称です。

6　独自の表記について

「なきゃ」を「なけゃ」と、「そりゃ」を「それゃ」と表記しています。また、あえて「ら抜き言葉」を使用しています。

7　その他

　巻末にポルトガル紀行の時の「持ち物リスト」を載せました。よかったら、参考にしてください。

CONTENTS

まえがき……… 3

<u>ワールドツアーI
アイルランド紀行
2022/7/31−8/9</u>

7月31日　関空を下見する　12
8月1日　シャルル・ド・ゴール空港（CDG）　17
8月2日　ギネス・ストアハウス（GSH）　26
8月3日　博物館巡り　39
8月4日　博物館巡りⅡ―トリニティ・カレッジを中心に　47
8月5日　イギリス領北アイルランド・ベルファスト　55
8月6日　PCR Test　65
8月7日　再びギネス・ストアハウス（GSH）へ　79
8月8日（朝）　帰国の途　87
8月9日　KLM 機内　98
8月10日　自宅アパートで　100

| ワールドツアーⅡ |
| ポルトガル紀行 |
| **2023/11/6−11/11** |

11月6日（月）　出発す　102
11月7日（火）　エールフランス　109
11月7日（火）　フランス時間　114
11月8日（水）　アパルトメントの「受付」は無人だった　124
11月9日　Hotel Rome　141
11月10日　帰国の途　156
11月11日　自宅アパートで　166

持ち物リスト　168

あとがきおよび謝辞………　169

ワールドツアーⅠ

アイルランド紀行

2022/7/31-8/9

The World Tour I to Ireland

7月31日　関空を下見する

13：00

　今回の「ワールドツアーⅠ　アイルランド紀行」は関西国際空港（略称：関空またはKIX）から出発する。それで、名鉄「植大」駅を9：13発－名古屋9：44着、近鉄名古屋特急「アーバンライナー」10：30発－難波12：49着だった。しかしふだん、近鉄に乗ることはほぼない。なにしろ大阪・京都方面に行く用事がないからだ。

　2時間ほどで「難波」に到着した。さっさと関空へ行って、明日の下見をせねばならない。明日は出発までそんなに時間がないからだし、確認しといた方が安心に決まっている。「難波」の駅は広く、近鉄線から南海電鉄まで地下街を通っていった。後で気付くのだが、字が読めるのは実に有難いことだ。「南海」やトイレの標識を頼りに進めばよいのだ。10分足らずで「なんば」到着。

　関空までの切符を自販機で現金で購入し、たぶん初めて南海電車に乗った（JRという方法もあったのは後で気付いた）。1時間くらい乗り、空港行きだから、大きな荷物を置けるスペー

スが、座席ならびの出入口横にあるけど、一般乗客はあきらかに飛行機に乗る格好の人に、席を譲る気配はない。

14:49

国際線と国内線とあり、国際線も Terminal 1 と Terminal 2 がある。建物は4階建てで、俺が乗るのは第一ターミナルだ。だからそっちへ。両替所は数ヶ所ある。レートも €1 ≒ ¥141 くらいと手数料だったが、帰国後、€1 ≒ ¥136台になっていた。

あと、よくわからない、Wi-Fi というヤツ。姪のあやかはしきりに借りることを勧めるけど、俺には Wi-Fi というヤツの意味がよくわかってない。しかし、これがないと、スマホが使えないらしい。で、4階でレンタル Wi-Fi を8月2日-8月8日の7日間、アイルランド仕様で借りた。1日たしか800円くらいで、EU 内であっても他国では使えない。したがって、シャルル・ド・ゴール空港（CDG／仏）でもスキポール空港（AMS／和蘭）でも使えないのだ。

Wi-Fi レンタル屋のオジサンに詳しく日本語で使用方法を訊くと、「今どきの高校生はさっさと使いこなせますよ」と関西弁のアクセントでいわれる。現地で使えなかったらどうするかとやや不安はあったが、返却方法は簡単だし、そんなにかさばらないし、普通に自宅でも使えるなと思った。

18時半にワールドツアーⅠの初日の宿「Yホテル」の送迎車を予約していたが16時くらいに予定が済んだので、ホテルに電

話して、16時30分に変更してくれと頼んだ。しかし、その時間には間に合わないから、じゃ、17時30分でということになった。

　関空でやることの予習はあと、チェック・イン場所の確認と搭乗券の発行である。別に、当日にチェック・インカウンターで発券してもらっても構わなかったのだが、前もって持ってた方が気が楽だ。で、まず、行きの飛行機会社であるエール・フランスのチェックイン・カウンターを探すとすぐに見つかった。が、従業員は誰も居ない。だが、そのすぐ近くに発券機らしき機械が4台ある。でも、発券方法がわからない、というか初めての人間にはたぶん無理だ。幸い付近に関空関係者（若い容姿のよい女性）がいたので、使い方を尋ねた。

　彼女は、丁寧に対応してくれたが、やっぱり、使い方を熟知しているわけではなく、少々もたつきながら、俺の代わりにやってくれた。なるほど発券にはパスポート（旅券）が必要で、しかもそれをかざすページと向きも決まっているのだった。あとは、自分の予約番号を入力すればよかった。こうして、ダブリンまでの航空券を手に入れ、この旅に向けて大きく一歩を踏み出した。あとは飛行機に乗るだけだ（が、その前に、搭乗手続きと荷物検査があるのだが）。

17:10

　ちょっと時間に余裕ができてしまった。もともと予約した18時30分より1時間も早く、送迎車に乗れる。で、関空2階の指定されたバス停、(「団体」とか「学校法人」と「ホテル」等〈ただし、俺の泊まるホテル名はなかった〉)の3種類くらいのだだっ広いエリアで待っていた。

　そのだだっ広い駐車場には俺の他に、誰も居なかった。1台白いワゴン車が、バス乗り場の角に17時20分すぎに停まったが、一般車のように見えた。なぜなら、ホテルなどの営業用なら車の側面に○×ホテルとか書いてあるものだ。しかし、その車には普通車と同じように何も書いてなかった。少なくとも、俺から見える側には何も書いてない(ナンバープレートまで確認しなかったが)。暫くして運転手と思われる男が出てきて、飛行場の舗道(通常、お客が空港の外に出てバス停に向かう通路)の方を見ているようだった。17時28分になって、ちっともマイクロバスが来ないのでホテルに電話しようかと思い始めたころ、ひょっとしてこの白いワゴン車がホテルからの迎えの車かもと考え近寄ってみると、相手の男も予約した「オダ」かも知れないと気づいたらしく、こっちを振り向いた。このオッサンの鈍臭さに、少々ムッとしたが(だって、広い駐車場に俺しかいないんだから、オレに決まってるじゃないか)、とにかく初日の宿に30分弱くらいで到着した。

18:00

　団体客（某大附属高サッカー部）等もいた。彼らは複数でエレベータを使用している。俺はコロナに感染したら水の泡だと思い、非常階段で自室4階までを昇降することにした。右膝の調子が悪く、今回の旅には、キネシオテープの他に杖まで持参していた。夕刻、宿のフロントの男に食事のできる店などを訊いたが、結局スーパーで買い出しし、宿の自室で夕食とした。いろいろ迷って、夕食にビール500ミリリットルとその他、それとおにぎり2個（焼きたらこと南高梅）、これは、あす8月1－2日のCDGの朝あたりに食べよう。

　自室の部屋（すごく乾燥して喉がイガイガした）で、スマホで外窓の写真を撮ったりしたが、本当に明日から外国旅行をするんだろうか、と何か信じられないような気分だった。

ワールドツアーⅠ　アイルランド紀行

8月1日　シャルル・ド・ゴール空港（CDG）

5:20

　スマホのアラームが鳴った。宿泊をともなう学校の機械実習や修学旅行を思えば、ずい分楽である。7時前に食堂へ下りていった。もう正装して出かける女性が一番早く、俺は二番だった。早かったから某大付属高のサッカー部員達はまだ誰も見かけなかったので、エレベータを使って降りた。ロールパン2個、ソーセージ2本、サラダ少々とコーヒーに、和食のご飯とみそ汁に生卵、味付けのり、納豆をトレイに載せ、食堂の片隅の席に着き、新聞を読んだ。ややごっつい作業着の男二人が俺の後ろに来て、バイキング方式の食事を摂っていった。その時、某サッカー部員達は食堂前のロビーでそろって待機していた。

7:30

　Yホテルを出発した。昨日と同じ運転手だった。これが彼の仕事なのだ。客は俺ひとり。30分かけて、高速道を走る。大阪湾を横切るような海上の高速道路、周辺の山々を一望することができた。時々、クジラも紛れ込んで話題になる大阪湾だ。古

代ここに、西から来た大和族が居すわって都市を作り、周辺の豪族を従えて、我が国の礎・大和朝廷を造ったのだと感じた。しかし、まつろわぬ人々、伊吹山・尾張あたりから東へはなかなか支配が進まなかったのだが。

　昨日の KIX の予習のおかげで、パスポートと搭乗券を見せてすんなり飛行機の座席に着くことができた。やっぱり手荷物１つは楽でよい。名古屋の矢場町にある移転間近の「駅前アルプス」（現在は個人経営で同市西区那古野に移転している）で買った手提げカバンから背負えるザックに変身できる荷物（約８キロ）をかついで搭乗した。装備はあと、いつも学校で使っているボールペンで書けるゴム製の腕輪メモ（これは CDG で少し問題に）、アイルランドのガイドブック・時計（この日のために、100均で買った550円の腕時計は water resist でないのですぐにガラス面が水気で曇って時間が読みづらかったのでやめて、バンドの切れたデジタルのをちょっと修理して、ウエストバッグのベルトに固定した。ノートとサイフとパスポートとスマホを入れたウエストバッグを常時携帯していた。バッグには、ホームセンターで買った意外なほど安かったダイヤルキー（自分で番号が変更できる／今回持っていった小物で最も値段の割に威力を発揮した）で、ザックをロックした。

10:30

　離陸。往路はエール・フランスだった。当然、アナウンスは仏語、次に英語と日本語だった。日本人の乗員もいた。フライト時間

エール・フランスの機内食

がとにかく長いのである。CDG まで13時間、気絶しそうな移動時間を東回りに飛んだ。オレの席は列の中央（24Ｇ）だったから外はほとんど見えなかったが、日本の上空で右側に「富士山」が見えるとのアナウンスがあった。何時間かして、カムチャッカ半島・グリーンランドの氷原、10時間後くらいにアイスランドの上を通過し、ダブリンの上空はパラシュートで降りたかったが、CDG 空港へは夕刻（といっても日は長い）に到着した。

　機内食は２度出た。１度目はピラフとサラダみたいなもの。フランス料理なのにピラフの固さにムラがあり、いまいちだったし、付いてきた果物やパンなどは日本製だった。ビールやワインも頼めば飲めたろうが、それほど飲みたいとは思わなかった（つまり、その後、ダブリンで本場のギネスビールを口にするまで、酒類は飲まなかったわけだ）。これだけ大勢乗ってるのでトイレの使用率は常時90％以上だった。

　俺も２度ほど小用に立った。前席の背もたれの俺側に画面が

あって、世界図（現在、飛行機が飛んでる位置を見ることができる）や映画、音楽とかも聴けるが、なぜかクラシックはほぼなし、映画もいまいち観る気がしなかった（日本で一度みたスピルバーグ監督の『ウエストサイド・ストーリー』を前の方の客が観ていたので俺も真似した）。地球を東回りに飛んでる我がエール・フランスの現在位置がちっとも進まないのをうんざりしながらずっと見ていた（ヨーロッパ旅行で最大の苦行）。目を閉じたって眠れるわけがない。睡眠不足は、この後のCDGでも同じだった。

18：30（フランス時間）

CDG Terminal 1 着。日本との時間はマイナス8時間。だから日本は午前2時半の筈。

まずはじめにすることはあす出発する検査場と搭乗ゲートの場所の確認だ。フラフラ歩いて、とにかく人に訊くしかない。飛行機を降りたところの前を電車が通っている。この電車はK－L－Mの搭乗ゲートの3ヶ所を常時往復している。飛行機を降りたのはKで、適当にLまで乗って、そこで下車した。K、L、Mのそれぞれがまたいくつかの搭乗ゲートに分かれていて、たとえばTerminal 1のK－2Eとか、Fとか…。それで、Lの場所の2階にエスカレーターで上がり、出発予定の電光掲示板を探したが、よくわからなかった。とにかく人に訊くしかない。

最初に出会ったのは、たぶんここの従業員で3人（黒人1＋

ワールドツアーⅠ　アイルランド紀行

白人２）いた。何やら３人でダベっていたが、話しかけるとそのうちの１人（黒人）が反応してくれた。そして、電光掲示板ではよくわからなかったが、その黒人のおにいさんは俺に搭乗券を貸してくれといい、発券機にかざしてみた。すると"まだ搭乗ゲートが決まってないらしい"（なにしろまだフライトまで12時間以上あるので、そもそも掲示されてなかったようだ）、"あしたまた、この機械で試してみろよ"と言う。なるほど、あすの朝ここに来て、同じようにやればいいんだな、と思い、礼をいって、その場から離れた。

　フランス人も意外に親切で、黒人も白人も一緒に話しているのを見ると、我々が感じているような人種差別はないのかも知れないと思った。また、同じ建物の下の階や上階をフラついていると（なにしろ、待ち時間が12時間もあった）トイレに行きたくなってきた。訊けるような人間はさっきの従業員３人で、ちょっとバツが悪かったがしかたがない。同じ黒人のおにいさんに"Where is Toilet?"とたずねた。トイレって、英語でToiletで通じるのかと思うと同時に、ちょっと不安だったが、"あっちだ"と言う。えっ？　と思う。どこだ？　標示が見あたらない。「難波」でも「関空」でもトイレのマーク（ピクトグラム／pictogram 又はピクトグラフ pictograph。ピクトグラムの方が正しいと wiki／絵文字）があったじゃないか!?　CDG にはないのか?!　で、彼の言う方向へ行ってみると数十メートルのところにトイレはあった。が、トイレの絵（ピクト

21

グラム）はトイレの壁面に描かれていて、通路方向からは見えない。この旅（自称ワールドツアーⅠ）で最初にコンタクトをとった人は、トイレを尋ねた時は、少々機嫌がよくなかった。そんなこともわかんねえのか、みたいな。最初のコンタクトで、泊まれるところはあるのか（一応空港内にホテルはあるようだったが）尋ねてみたら、ないと言う。まぁ全て満室なのだろう。"下の階に横になれるソファーがあるから、そこへ行け"とのことだった。

　ソファーのあるスペースにたどり着いた。Wi-Fiが使えるというのはこういうことなんだ。なにしろ世界で孤立状態だったのだから。さっそく、実家とあやか（兄の娘）にド・ゴール空港に着いた（らしい）っていう報告をLINEで送った。半日前まで大阪にいたのが信じがたい気分だ。

19：10

　ソファーは11台あるが、どこの誰が使ったのかわからないところに寝るのには、勇気がいった。俺は持参したアルコールスプレーを吹きかけ、さらに、除菌用ウェットティッシュで全面消毒して、ある１つに横になった。頭の当たるところは黒ずんでおり、腰で沈むところは少々破れていた。既に女性１人と男性２人が横になっており、男性の１人はいびきをかいて寝ていた。11台のソファーの中で最も安全安心なのは、建物の壁側の二つで、二つともやはり既に占拠されていた。

ワールドツアーI　アイルランド紀行

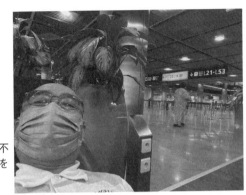

薄汚いソファーで、不安でいっぱいの一晩を過ごす

　ひっきりなしに人が通り、当然照明がついているから明るくて、眠るなんて無理な環境だった。2時間ほどして黒人女性が寝ていた2番目の特等席が空いた。私はすかさず、その席に移動した。暫くするとこれまた黒人の親子（母、男の子2人、女の子1人）がやってきた。人種とか民族とか関係なく、ガキはガキで、実年齢に対して脳年齢も対応しているんだとこの時実感した。男の子二人は荷物をソファーに置いて、そのへんをウロチョロしている。女の子はお母さんから離れず、どこか甘えたい感じ。彼らは荷物をソファーに放置してるけど、盗られないか少々気になったが、子供らもお母さんも平気な顔だ。そんなこんなで、時刻は夜に。男の子二人はいつの間にか母親に近いソファーに移動し、ソファーは全て埋まった。このあたりまで、LINEが使えた（ただし、CDGのWi-Fiは翌朝には使用不能になっていた。理由不明）。

搭乗時間まで、まだたっぷりある

　俺が横になって見えてる目の前の女性（40歳くらい）も眠れないらしかった。夜も10時か11時頃だった。ある団体（中学生くらい。4－5人に大人1人くらいの割合）が総勢100人ほど、ぞろぞろやって来た（といっても先頭が来た時には全体の人数は分からなかったが）。修学旅行かなにか、のように思われた。その団体の先頭を1人の若いやや背の高い男性が歩いていた。その男はいきなりエスカレータを停止ボタンで止めてしまったのだ！

　私の目の前20メートルくらいのところに全て下りのエスカレータが4本あり、そのうちの1本をこの男が勝手に止め、子供らと大人を上の階に誘導し、皆、彼の後ろについて、どんどん上階に歩いて上がっていった。しかし、暫くしたら、また、上がっていった連中は下りのエスカレータを使って戻って来たので、団体の半分は、そこで上階に上がるのをやめて、上がった連中と合流して、ある方向（バス停かホテルかとにかく、次の目的地）へ向かっていった。近くにエレベータ（5人乗りくらい）もあり、先頭の教員と思われる男性はそれで上階へ行って行き先を確かめたらよかったのに、下りのエスカレータを停止

ワールドツアーI　アイルランド紀行

させて全員を引き連れて昇るなんて、すごいモラルだし、もし、何かの拍子でエスカレータが動き出したら、大勢が将棋倒しになり、大きな事故が起きてしまっただろう。しかし、事件はこれで終わりではなかった。

　暫くすると、私の正面の40歳くらいの女性が「ブラジリアン？」「ブラジリアン？」と言っている。ひとりの女の子が女性の傍らを通ったのだ。どうも、さっきの団体はブラジルから来た修学旅行生か何かで、きっと女の子がトイレとか何かしている間に、団体とはぐれたんだと思った。この40歳くらいの女性はこの子がブラジル人かを確かめていたが、きっと団体がポルトガル語を話してたのが聞き取れたのだ。そして、団体が去っていった方向を指して、みんな向こうの方へ行ったよ、と教えてやっていた。

　あり得ない。もし、日本だったら、大問題だ。エスカレータを勝手に止めただけじゃなく、人員の点呼をしてない訳だ。やばいブラジリアンの団体。俺はこの女性に拍手を送りたくなった。それと、この40歳くらいの女性は親切だ。この女の子は心細かったろうに。ヘタをすれば、人身売買、行方不明だぜ。

　が、搭乗までまだたっぷり数時間（6－7時間くらいか）ある。眠れないだけでなく、トイレにも行けないのだ。なにしろ、席を外したら、荷物は置いていけないし、このソファーは別の誰かに占拠されてしまう。こんなにトイレをガマンしたことは未だかつてない。

8月2日　ギネス・ストアハウス(GSH)

2:50（フランス時間）

　朝6時35分に、搭乗することになっているから、4時半に起きればよい。が、そんなにソファーで寝てられないし、そもそも眠れない。とうとう辛抱できず、3時に起床し、自分の乗るべき搭乗ゲートを探した。

　俺の乗る便を電光掲示板で確認し、搭乗ゲートK23付近でトイレに入ったが、ここのはウォシュレットがない。持参したティッシュタイプの携帯おしり拭きを使用して、用を済ませた。

　搭乗口には従業員が既にいた。いろいろ確認したかったが、話しかけても相手にしてくれなかった。気づいたら、けっこう人が来ていて、列を区切る帯をくぐろうとすると、従業員のひとりに、それは禁止だと制止された。並んでる人数少ないンだから、別に問題ないじゃないかと思ったが、従った。

　で、荷物検査を受けた。搭乗券はKIX→CDGとCDG→DUBが1枚になっているのも持っていたが、前日に教えられたように発券機を操作したら、CDG→DUBの新しい搭乗券が印刷されてきた。パスポートと搭乗券も全て検査のトレイに

ワールドツアーⅠ　アイルランド紀行

載せて、コンベアーに送り、オレは検査用の入口を抜けた、つもりだったがブザーが鳴った。オレは戻され、再び検査用の入口を抜けたが、やはりブザーが鳴った。ちょっと厳しい顔のお姉さんが、俺のいつも腕に付けてるゴムのメモ板（ウエアラブルメモっていうらしい）をはずしてみろと言うので、はずしてトレイに入れて、三たび検査口を通過したら、鳴らなかった。こんな物に反応するんだと思った。

7:10

　搭乗はタラップではなく、滑走路から階段で飛行機に乗った。まるで離島にでも行くような雰囲気で機もやや小型のジェット機だった。コックピットを撮っていいか訊いたら、いいと言うので撮らしてもらった（なぜかスマホの写真の時刻が日本時間からフランス時間に突然変化する／しかし、また元に戻る。おかしい。ヘンだ）。

頼んでコックピットを
撮影させてもらう

上空から見る農業国フランスの風景

　やっとダブリン行きの飛行機に座れた。あと1時間もしたら目的地ダブリンだ。俺の席は右の窓側で外がよく見えた。離陸の時、フランス・パリの町が見えていた。もしかして、あれ、エッフェル塔と凱旋門では、と思われたので写真を撮った（が、あとで見ても判別できなかった）。下界を見ながら、やっぱりフランスは農業国なんだと思った。収穫前の麦畑（小麦か大麦かわからなかったが）が広がっていた。

7：00（アイルランド時間）

　ダブリン空港に到着した。小雨がちょっと降って、アスファルトが濡れていたが、靴に水が滲んでくるほどではなかった。空港とダブリン市街は離れている。ガイドブックによれば、16

ワールドツアーⅠ　アイルランド紀行

番のバス停で乗ればよい。が、その前に「i」(インフォメーション)で尋ねてみよう。ところが、「i」のマークはあっても人がいない。何だか、閉鎖中のように見えた。参った(後述　朝早くて営業時間前だったのでは？)。

　しかたがない。最初の目的地、ギネス・ストアハウスにはどうやって行くか。バス停をウロウロして行き先を見ていたが、そんなのよくわからない。が、目の前に、「Guinness Storehouse」のロゴの入った緑色の２階建バスが入口を開けて停車しているじゃないか⁉　乗ろうと思った。たぶんこのバスで間違いない。人がひとり乗って、銭を払っている。が、オレはパスした。扉は閉まり出ていった。次のに乗ればいい。もし違うところへ行ったらとんでもないと思った。

　で、空港内に再び戻った。そこにギネスビールの店があるじゃないか！　ここで尋ねよう。しかし、ビールを扱っているパブのようなところは閉まっていて、店の前の売店は営業中だったので、そこのバイトのおにいさん(黒人)にきいたのだ、ギネス・ストア・ハウスに行くにはどうしたらいい、って。が、そこの従業員は誰も知らないと言う。ちょっと諦めムードになっていたが、そのおにいさんが、店から出て来て、探してやるよって。オレは"そんなことしたら、ボスが怒るから、仕事に戻りなよ"って言ったけど、親切にオレをバス停の方に連れていってくれ、いろいろ人にきいたけど、やっぱりダメだった。

　とうとう彼はタクシー乗り場へオレを連れていった。これは

マズいと思った。確実だが、タクシーは高いに決まっている。だけど、せっかく親切にオレを世話してくれてるのに断れず、タクシーの列の後ろにいる係のオバサンに何かいろいろ言ってくれ、で、順番を待って、彼はオレをタクシーに乗せてくれた。荷物も後ろのトランクに運んでくれた。いい奴だ。そして、オレはタクシーの左座席（アイルランドは日本と同じ右ハンドル）に乗り込んだ。

10：10

　俺も車内で黙っているのは何なので、いろいろ運転手（40代後半か？）に訊いたりした。"日本車多いね""この車もそうだよ。"そう言えば、この車、トヨタのPじゃないか。運転手曰く、"この車、オレが自分で日本から取り寄せたんだ。その方がディーラーを通すより安いからな"と得意気だった。
"ところでさ、このパネルの文字、なんて書いてあるんだ？日本語だからずっと分からないのさ"なるほど、本当にカタカナで「エネルギー＊＊」と書いてある。そのまま、カタカナを読んだら理解したようだった。

　パネルのモードを換えたら漢字で「時間」「距離」「燃費」などの表示が出てきた。これも一応説明した（ただ「燃費」の英語表現は難しかった）が、「Time」「Distance」「km／L」などと表示されていたので、漢字が分からなくても、彼にも意味が分かってただろう。

ワールドツアーⅠ　アイルランド紀行

パネルにはカタカナで「エネルギー」の文字が

　"ギネスは、アイルランドのコカ・コーラみたいなもんだ。世界的に有名だからな"と言う。確かに。日本でも売ってるし、だから、アイルランドに来て、最初の訪問地を「ギネス・ストアハウス」にしたのだ。
　救急車が通った。"あれは救急車、AMBULANCEだ""ああ、分かるよ"。おばさんの車は信号が変わったのに、右折してきた。"おばさんはどこの国でも運転が下手だね""本当に女は運転がどん臭い"と国際的に意見が一致した（例外もあろうかと思いますが！）。

待望のギネス・ストアハウスへ来てみたが……

10：38

　ギネス・ストアハウス着。近くでメーターを止めてくれた。たしか€35。円でいくらか分からないけど、どうせすごく高いんだろ？　でも関空で両替したユーロがあるので支払えた。"さよなら、どうもありがとう。"

　既に何人か並んでいた。俺は予約ではなかったので、係員からこっちへ行けといわれ、決められた通路を通って窓口のおねえさんの前に立った。しかし、この時、俺はとんでもないことになっていることに初めて気づいたのだ‼　現金不可。キャッシュレスなのだ。

ワールドツアーⅠ　アイルランド紀行

　俺の持っているクレジットカードの暗証番号が分からないと、ここではアイルランド含めEU内全てで使用不可なのだ。ただし、日本で換金したユーロの現金は、路面電車やコンビニ、小売りのショップやパブとかバス・列車、では使えた。
　だが、ギネス・ストアハウスやホテルなどはダメで、そもそも現金がおろせない。ATMはあっても、それに対応しているわけではないので。俺は4つくらい心あたりのある4桁の数字を入力してみた。しかし、全て、はねられた。ギネス・ストアハウスはもちろん、これから一週間、このカードは使えないらしい。まずいぞ、重大事件だ‼
　そもそも、日本ではATMで使う番号以外、普段の生活にカードの暗証番号は不要だ。だから憶えてるわけがない。俺はこの旅行の前に自分のクレジットカードが使えるかどうか、カード会社にもその銀行の半田支店にも確認し、上限100万円で使えるという返事をもらっていた。が、落とし穴にはまったのだ。使えるけど暗証番号を知らなけゃだめだって。クレジット会社の奴も銀行も不親切にも程がある。俺は海外に行くから訊いてるのに、かざす式のカードに変更しようとかそういう提案をしてもいいくらいのはずだ。役立たずどころか、利用客をとんでもない窮地に追い詰めることになった（お前が間抜けなんだと言われれば、まあ、それゃそうなんだが）。
　この旅行の最大の目標であるギネスの本場で、ギネスビールを飲むことは不可能か、と諦めかけた時、救いの手が差し延べ

られたのだった。窓口のおねえさんは、あっちの自分と同じ色の服を着た人（つまり同じユニフォームのスタッフ）に訊いてみて、と言う。そこには３人くらいスタッフがいたが、うち１人は中国人だといい、はじめ、スマホで予約の入力を試みたができず、やっぱり諦めた時、彼女は俺のために奥の手を使った。たぶん€25くらいだった。現金を彼女に渡し、彼女はなんと、窓口で一般のお客に二人分のチケットを購入させ、俺の現金をその人に渡し、引き換えに入場チケットを俺に渡してくれた。これで本物のギネスビールが飲める‼ この娘、賢い‼ なるほどそういう手があったか！ オレは礼を言った。すると彼女は中国語で「不客气」（どういたしまして）だって。学生時代中国語も少しは勉強しておいてよかった。ん、わかる、わかる。俺は丁寧にまた礼を言った。

11：34

チケットを持って７階のビールを飲ませてくれる展望台まで上がった。ダブリン市街と周囲の山々（それほど高くない。数日後ここに行くことに）が一望できた。

そもそも、関空出発からほぼ寝てなくて（4+13+12+4=33hr）、エール・フランスで食べた機内食を最後に何も口にしていない空きっ腹（たぶん20時間くらい経過）にギネスビールを流し込む。これが本物かぁ。すごく手の込んだ製法で作られてる感じ。鼻の悪い俺でも感じられる複雑なフレイバー（しかし、画期的

に旨い！　と言うほどでもない。理由は後述する）。それと、ここにはおつまみはない。

　せっかく来たのだから、スタウトの他に、ギネスが作っているラガーを飲まなくては。俺はビールを注いでくれたおねえさんに（この人も感じのいい人だった）もう一杯飲みたいが、飲めるか、尋ねてみた。"5階で売ってるからそこで頼めるよ。ただし、飲むのはここで、30分以内で"。

やはり本場は味が違う

　5階へ行って現金を払い、ギネスのラガーを頼み、こぼさぬように7階まで運んだ。満席だったのでグラスを植木鉢の角に置いて飲んだ。2本ともラージサイズ（たぶん500ミリリットル近い）だったので、かなりお腹がガバガバ。寝不足もあって、気分はかなり悪かったが、目標はとにかく達成した。

　帰りに下の階（2階だったか？）のショップでギネスオリジナル商品を物色した。とにかく現金は限られている。高い物は買えないし、まだ、初日だから大きな物も選びたくない。自分

用とあと、誰か世話になった人に買っていこう。で、長谷川君（彼は、俺がアイルランドに行く時に航空券をスマホで購入するのを手伝ってくれた。彼がいなければ、この旅行はなかなか困難だった）にギネスのコースターと、自分のために帽子を買った。本当は長谷川君には、ギネスビールの本物を贈呈したかったが、航空便とか無理だと思った。で、つまらない小物で、コースターに。自分には、もっと潤沢に銭があればＴシャツのいいやつが欲しかったのだが。

とにかく、予約してある Phoenix Park Hotel に行こう。歩いてもそんなに遠くないはずだ（最短で、1.5キロくらい？）。で、お金のことはそれからだ。

15：03　日本の某銀行の信託へ

Phoenix Park Hotel でも、やはり、俺のカードは使用不可だった。4桁の暗証番号がわからないとなんともならない。困った。が、スマホで検索すると日本の某銀行の何か支店があるようだ。ダブリン市街の北西の端にある Phoenix Park Hotel から南東の端にあるその関連会社まで往復約7キロ（片道3.5キロ）くらいか。地図（ガイドブックの）とコンパスを頼りに、そこまで歩いた。

この街は、15年前にＡ農業高校の姉妹校交流で行ったオランダの Rijswijk や Delft、Amsterdam を思い起こさせた。欧州は古い建物や道が多く、それらはだいたい石とかレンガででき

ている。舗道も石畳で、すり減っていて、年季を感じる。新しく建てられたビルや道路ももちろん普通に存在するのだが、日本と異なるのは、木造でないので焼失することなく、かつ、地震がないので、石でもレンガでも倒壊しないのだろう。日本の都市の家屋は太平洋戦争でみな焼けてしまったので、古い物は残っていないのだ。せいぜい神社の灯籠か鳥居くらい。

関空を出てから40時間くらい経ってるんじゃないか？　それに、寝不足と空きっ腹にビール2杯。そんな最低の状態で片道3.5キロである。

会社には、きちんとした身なりの黒人の若いスタッフしかいない。窓口のそのおにいさんは、"無理ですねえ。そもそもうちは銀行じゃないし、日本人のスタッフも今日は出社してないからなぁ"。どうも投資信託ファンドみたいな所らしい。そもそもATMもないし、やっぱ無理（impossible）ですかね？どうしたらいいんですかねえ。

で、こんな窮地でも俺はジョークを思い付いた。

"My mission impossible.（俺の使命は不可能だ)"。そうしたら、おにいさんは、クスッと笑った。やっぱ、コミュニケーション能力は英語力だけじゃないんだよな。

19：00　Phoenix Park Hotel（PPH）で

PPHに戻ってやっぱダメだったとフロントのおにいさんにいい（じつはまた同じギャグを使ったら、やはり笑ってくれた

が）大使館に泣きつくか、公園か飛行場で野宿するか、どうするか。じゃ、奥の手を使うしかないな。あやかにすがろう。姪に金の無心をするのは、気が引けるが仕方ない。PPH の外で待ち合わせ、フロントに来てもらって、話をつけてくれた。取り敢えず予約 8 月 2 日と 3 日の二日分の宿代を払ってもらった。

20:07　最初の晩餐

外で夕食を食べよう、ということになった。ちょっと迷ったが、PPH から一番近いパブへ入った。テキトーに入った店は Irish な料理で、アタリだと思った。俺はビールに何かパイと、あやかはパンに何か、スープ（だが、なぜかスマホは日本時間とダブリン時間を往復していた）。

あと 2 日はここ PPH に泊まれる（朝食付き）。以降はこれから考える。

ホテルから最寄りのパブ
だったが、いい店だった

8月3日　博物館巡り

6:55　朝食

　フロントの階下にある食堂へ降りていった。あるのはコーヒー、牛乳、パン（＝スコーン。甘いボロボロ砕けるもの）とあとから焼きたてクロワッサンとオレンジジュースと何かシリアルに、ポーションタイプのバター、ジャム、マーマレード。これだけ。

　日本の泉佐野市で泊まったYホテルは品数も多彩で（というか、日本なら普通）満足だったが、ここは野菜もなく、タマゴやソーセージなどタンパク質類がまるでない。糖分は十分だが。

　それと俺が最初に泊まった部屋（202）は、たぶんこれがアイルランド（というか欧州）の標準と思われるが、温水洗浄便座もスリッパもないのだ。湯舟はもちろんなく、シャワーのみ。

ホテルの朝のビュッフェ

シャワーのハス口が上の方にあって手が届きにくかった。スマホやWi-Fiのバッテリーの充電は、用意してきたアイルランド仕様の接続器が有効に働いた。よかった。

到着2日目は、ダブリン市街の探索と博物館巡りをしよう。

9:10　ダブリン巡り　博物館巡り

初めて路面電車（トラム）に乗った。PPHからほんの5分くらいのところに、Heustonの停留所がある（すぐ隣に列車が走っているHeuston sta.もある）。そこから東に向かう電車に乗った。何度も乗るなら1日券がお得とあやかに教わって、プラットフォームの自販機で€5.8で購入した（ここでは小銭が使えた）。

外はそんなに寒くはなく、Heuston駅の近くには川が流れていて、カモメが多くいた。ホテルの自室でも、朝から夜遅くまで、カモメ（種類不明）の鳴き声が聞こえたくらいだ。車は日本と同じ右ハンドル左側走行で、日本車も少なくなく、PPHからほんの数分の所にMITSUBISHIの中古車屋があった。

横断歩道を人々は自己責任で赤でも渡る。ここの信号は人が渡る時間がとても短い。うちの父（92）なら、時間内には渡れないだろう。ただ、道幅が狭い所も多いので、赤で渡るのは簡単だ。

電車の中の人もほぼマスクをしていない。パブでも同様だ。大声で語り合っている人もいる。電車の上の窓には、"コロナ

ワールドツアーI　アイルランド紀行

対策で窓は常時開けてあります"との標示があるのだが。ここの医療体制はどうなっているのだろう。たぶん重篤な人がいっぱいで、かわいそうだけど死んでもらいますっていう体なのだろう。こんなに密で、皆が無防備なら、俺もいつ感染してもおかしくない。当初はマスクを常に着けていたが、2－3日でやめにした。

　Heustonから、7つめのGeorge's Dockで下車、最寄りのアイルランド移民博物館へ行くことにした。入口を探して中に入って入場料を見て、やめた。高い。3000円くらい。こんな感じで博物館巡りなんかしてたら、お金が持ちません。考え込んでしまった。

12：00

　地図を頼りに結構歩いた。次は国立図書館に入ってみた。入口の柱に「WELCOME」とか「RELAX」とかの大きな標示がある。なんと、ここは無料でYeats（アイルランドの小説家）の展示をしていた。あまり興味はなかったが、日本の刀剣や世界地図に「JAPAN」があるのには少々驚いた。19世紀にこんなにアイルランドと日本は身近だったのか？

美しい国立図書館

12:30　博物館はただ（無料）という話

　次に入ったのは、国立図書館から比較的近くの国立考古学博物館だった。俺はここで思わぬ発見をしたのだ。アイルランドの博物館って基本ただ（無料）なのだ。各博物館・美術館（Museumはどちらも含んだ意味）とも特別展の時はその都度料金が決められるとのことだった。

　日本では、比較的安いとはいうものの、常設展でも中学生より上なら有料なわけだ。だから、たとえば白川公園の科学博物館と美術館をはしごしたら、700円かかるってことだ。小中学生を連れたお父さんお母さんは自分の分の観覧料を払えば、けっこう安い高尚なレジャーになる。しかし、アイルランドでは大人でもただなのだ。日本の行政は教育に金をかけない。みみっちいこといってないで、常設展は大人も無料にしたらどうなのだ。そしたら、高校生も大学生も利用しやすくなるだろう。

　たしか、博物館法では、基本的に入館料を取らないことになっていたはずだ（博物館法第23条に「……利用に対する対価を徴収してはならない。……」と定められている）。そしたら、クリムトやモジリアーニの絵画だけでなく、恐竜の化石や、水族館もクジラの骨格標本とかしょっちゅう見に来れるというものだ。それは大人にも子供にも、とても健全なエンターテインメントだと思う。

　とにかく、アイルランド国立考古学博物館は大人も子供も大勢来館してて賑やかだったぜ。

11:11 考古学博物館でファスナーのこととか

さて、考古学博物館である。ここには膨大な量のアイルランドの知的財産が展示されていた。3時間ちかくいたと思うが、一日ではとても見切れない。

俺は、退職前には生活科学科に所属していたから、農業生産物と調理や被服との関係を常に意識していた。

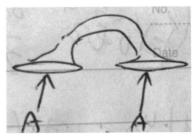

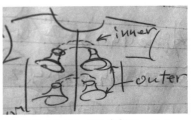

古代アイルランドの金製ファスナー。上／Aの部分は鏡のように磨かれている。下／シャツの左右に穴があり、そこにファスナーを通して留める

アイルランドの古代人が何を食い、どんな服を着ていたのか、関心があった。

最も私の関心を惹いたのは、ある形状で、ほとんどが金（Au）製の「fastener*」だった（*fast：固着した。fasten：しっかり留める、などの意味）。あのファスナーでしょ？　襟元をジッパーで留めるとかの？　だが、それがどのように使用されていたのか、よくわからないのだ。多くの展示のどこかに解説があったかも知れないが、実際の使用法を示した図やマネキンに服を着せたレプリカとかなく、さっぱりわからないのだった。

で、俺は学芸員に質問した。これはファスナーと書いてある

けどどうやって使用してたのだ？　と。彼はいろいろ説明してくれたけど、説明がヘタでやはりわからない。ただ図のAの部分は磨いてあって鏡のようになっている、というのは理解し、極東の日本や中国にも青銅製の鏡というのはあるけどね、と言ったら、知ってるそうだ（それゃ国立博物館の学芸員だから当然だろ）。じゃ、図を描いてくれ、と頼み、俺も試しにこんな風か？　とか訊いてみたが、僕は絵が下手だから…じゃあと売店のおばさんに描いてもらおうと、売店まで行ったが、彼女もやっぱり下手で話にならなかった。Cloth、布と布とをつなぎ合わせる道具なんだといい、どこかに穴をあける、とか、いってるうちに、わかった。こうだろ？（前ページ下図）

　でも、表のラッパみたいのは磨くだけで、大きさに違いはあるものの、いろいろなデザインや模様があってもいいのにどれもほぼ同じ形状で、とてもシンプルだった。でも判ってやっとすっきりした。

15：15　初めて見たクリケットというスポーツ

　夕刻、あやかと宿の件で再び会うことにしたので、それほど余裕はない。あてどなく市街の東側を南へ歩くことにした。すると広いグラウンドに出た。外からクリケットをやってるのがわかった。オレは初めて、クリケットの試合というのを観戦した。野球に似てる感じで、野球に心得があればできるスポーツだと思った。が、ここはトリニティ・カレッジのキャンパス内

ワールドツアーⅠ　アイルランド紀行

イギリス発祥のクリケット。初めて観戦

でどこかの大学と対抗戦でもやってるのか、けっこうマジで戦っていた。出発前、世話になった野球部監督の長谷川君に、クリケットの試合動画を送信した。持参したアミノ酸補給サプリメントと水を飲み、ひと息ついて、再び歩きはじめた。

　PPHでの元々予約していた2日だ。あやかに無心して、あと8月4日から7日まで、ここに泊まらせてもらうように交渉した。受付のおにいさんは"うちのボスはいい人だから、きっと安くしてくれるよ"と言った。8月2・3日は、202号室でシングルだったが、8月4日からはダブルしか空きがないと言

う。お高いが妥協した。ベッドもタオルも石けんも、2人分おいてあったが、1人分しか使わなかった。が、朝食はないとのことで、部屋のコーヒーやミルク砂糖は摂食させてもらった（202号室では使わなかった）。あと4日間、8月8日朝までの契約を済ませ、また、初日と同じ宿隣のパブであやかと晩飯を食べた。

　夜中の2時ころ、母から電話があり、何事か？　と思ったら、何でもなかった。13分ほどしゃべっていたが、母はこっちが真夜中なのが分かってなかったらしい。あとで気づいたことだが、ここのホテルの部屋の声や物音は外に丸聞こえなのだった。翌日に隣室の女性3人が言い争ってるのを1時間近く聞かされた（何いってるのか、言葉がわからなかったから、むしろノイズだったが）。かくして、俺はエール・フランス以来ずっと寝不足状態であった。

8月4日　博物館巡りⅡ─トリニティ・カレッジを中心に

10:25　トリニティ・カレッジはどこも閉館中

　前掲ガイドブックの「ダブリン市街地図」によるとトリニティ・カレッジ内に「動物学博物館」があるらしい。ぜひ観てみたい。愛玩動物専門学校へ進学したＮに自慢してやろうとトリニティ・カレッジ構内に入った。この日は、なぜか、黒服につばつきの黒の帽子をかぶった若者達が大勢いる。どうも卒業式か何かのようだった。案内板を頼りに動物学博物館へ向かうのだが、これまたよくわからない。学内出入口の案内の若者に、やっぱり訊くことに。そしたら、やってないというじゃない。スマホのA.マップをよく見たら「閉館中」とある。ガッカリした。
　トリニティ大学内には「自然科学博物館」というのもあるようだ。構内案内板にそう出ている。昨日クリケットをやっていたグランウンドの近くらしい。通りがかりの人に尋ねてみたら、向こうだという。だいたいそっちの方へ歩いていったが、案内板はあるのに探しても、なぜか実物の自然科学博物館に行きあたらない。またスマホで検索するとここも「閉館中」だった。
　かなりがっかりしながら、今度は同大学のオールド・ライブ

ラリーというショップに行くことにした。せめて、ここの大学ショップで小物を買い求めようと思ったからだ。しかし、そこでも「Sold out」と入口に紙が貼ってあり、係りの人に"あしたのチケットならあるけど"と言われたけど、あすのことは分からない。やめ。

12：00　国立美術館でフェルメール他をただで

どこを目指してもやってないとか入れないとか。かなりうんざりした気分で次は近くの国立美術館へ。ここは入れてホッとした。ジャコメッティ展をやっていたが、特別展で有料だったのでパス（日本で見たし）。しかし、常設展は公開していて、バケーションなのか人は多かった。とにかく展示作品数は膨大で簡単には見切れないと判断して、作品を絞った。ガイドブックにあるように、ここには、フェルメールの作品やカラヴァッジオもあるが、ガイドにはないレンブラントやブリューゲルも数点あった。最初の作品はさっさと通過し、オランダの作品をしっかり見てみよう。

　フェルメールの『手紙を書く婦人と召使』は東京で見たのと同じだった（あたり前だ）。周辺の作品と比べても、やはりフェルメールは目立って活き活きとしている気がした。こんなのがただで見れるダブリン市民はなんて恵まれていることか。私はオランダの作品、フェルメールやブリューゲル、レンブラントなどを数分楽しんだ。贅沢なひとときだったと思う。とにか

ワールドツアーⅠ　アイルランド紀行

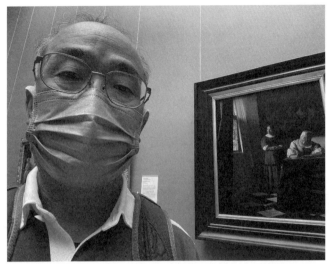

フェルメールの『手紙を書く婦人と召使』に再会

く膨大な量なので、印象派もあったらしいが、諦めた。

14:00　昼食・休憩

　昼食は、いままでも何度かその店の前を通ったKENNEDY'S WESTLAND ROWというパブでギネスとハム＆チーズサンドイッチを食べた。

　次は、すぐ隣にあるはずの国立自然史博物館だが、場所がよくわからない。が、やっと辿り着く（何度も通過したが美術館と敷地は同じなのに入口は別）。ここも予約制で、本日はもう一杯なんだとか。またもトホホだった。仕方ないので、館の外

パブ、KENNEDY'S WESTLAND ROW 入り口には紳士の銅像が

ワールドツアーⅠ　アイルランド紀行

の公衆トイレで用を足した（子供づれのご婦人はなかなか開かない女性用トイレの前で暫く粘っていたが、実はその隣も次もみな開いていたのだが、開いてるのわからなかったみたい。気の毒）。くたびれ果てて通路の石積に腰掛けた。隣で休憩していた家族は弁当を食べていたが、俺はサプリメントでアミノ酸を補給した。そんな時、日本にはいない鳥が馴れ馴れしく近寄ってきた。こいつがカササギなのか。ロッシーニの歌劇に『泥棒かささぎ』というのがある。俺は何も持ってないので盗られるものもないのだが。

　歩きすぎて、行く先々で想定外のCLOSEDやSOLDOUTに遭遇し、ヘキエキしていた。ガイドブックにあったリトル・ミュージアムにも寄り、日本に送る絵葉書を買おうと思って、数枚手に取ったが、ポストカードとして使えないと言われたので、長居せずに出てきた。

こいつはカササギか!?

美しく整備されたセント・スティーブンス・グリーン公園

15:00　セント・スティーブンス・グリーン公園

　公園内はダブリン市民・若者グループ・子供連れの家族がけっこうくつろいでいた。若者達の中には大麻かなにかやってそうなのもいて、交感神経がいっちゃってて、ぐてっとなっていた。

　花も樹木も手入れされていて美しかった。カラ類が頭上に来ていたので、暫く見ていた。日本のメジロとは少し模様が違っていたが、見慣れないメジロって感じ。それと、ダブリンには昆虫が少ない。蚊は見たことがなかったし、蝿もほとんどいない（市の北側を西から東にリフィ川が流れているけど、タテハ蝶をこの川辺で見たが、川を支配するカモメはエビかカニを餌にしているようだった）。人の歩く道には緑陰が日射しを和ら

げていた。散歩にもゴロ寝にもいい公園だと思った。日本は自然（国土の約6割が森林）が豊かすぎるせいなのか、亜自然（自然未満、ガーデン以上って意味）である公園を整備する気があまりないのかも知れない。

　路面電車はずっとルアス・レッド・ライン（リフィ川北100メートルくらいを川に沿って通っている）ばかり利用していたが、今回初めて、ルアス・グリーン・ラインにStephen's Gr.から乗って、O'Connelで降りた。

16：00　中央郵便局

"外国（日本）に、絵葉書を送りたいのですが、これは（郵便局内に置いてあった）使えますか？""使える"と言う。が、デザインや用途が普通のではなく、誕生日や何かの記念のものばかり、係り員が入れ替わって、どこでどう扱えばいいのか訊くと、"そんな絵葉書よりもうちょっといった店に、もっといい絵葉書がたくさんあるよ"と親切に教えてくれた。けっこう年配だったけど、入墨（タトゥー）はばっちりだった。ただし郵便局は5時までだから、"5時前までに来いよ"。テキトー（いつもそう）にその辺を歩いていると、なるほどあった。　俺は、職場の長谷川君・大澤さん、旧友の山本さん他2名のために計5枚購入して、スタバに入った。

16：15　スタバで暑中見舞いを書く

　スタバでエスプレッソを購入して、店の片隅で暑中見舞いの内容を各々顔を浮かべながら書いた。店員は、アジア系の女の子（やっぱりタトゥーを彫っていた）で、名札から韓国人だと推定できた。が、はじめ彼女は日本語をしゃべった。日本に留学経験があるという。日本と韓国とは今、仲がよくない。が、民間ではそんなことはない証拠だ。彼女は親しげで、俺の名前を訊いた。「おだ」だけど。が、「おた」さん。「だ」が苦手なのだろう。「ODA」「オダ」。彼女はレシートに私の名前を印字した「oda」。

　　Yewon："また来てね"
　　ODA："안녕히 계십시오"（さようなら）。

　飛行機からダブリン空港へ降りる時、エール・フランスのおねえさんが（たしか）"お気をつけて"とハッキリした日本語をしゃべったので、俺は思わずはっとしたのを覚えている。ギネスで親切にしてくれた中国系の娘も、私のお礼に対してプークーチ"不客气"（どういたしまして）と返事して、俺、それわかりますよと答えた時、オランダ航空で、俺が"Dank u wel."（ありがとう）とオランダ語で乗務員に言葉をかけた時、いずれの時も互いに親しみを感じたはずだ。やっぱり、母語は大切だ。

ワールドツアーⅠ　アイルランド紀行

8月5日　イギリス領北アイルランド・ベルファスト

6:30　朝食はインスタントで

　毎日、眠れないから、朝は余裕がある。湯を沸かし、部屋に置いてあるネスカフェのインスタントコーヒーと砂糖にミルクとクッキータイプの栄養補助食品で朝食をすませた。

　やっぱりあやかに頼ることになった。イギリス領北アイルランドの Belfast ⇆ Dublin 往復旅行の切符をネットで予約してくれたのだ。

　居着いてしまった宿（Phoenix Park Hotel=PPH）では、朝食は別料金でしかも午前8時以降というので、それでは間に合わないから、遠慮したら、当日担当の受付のおにいさんは、なんでやめるんだっていう。ややこしいやり取りに説明に困っているとスマホの翻訳アプリで、ばっちりの日本語が返ってきた。すごーい。

　8時過ぎくらいに PPH を出発した。少々心配したのは、あやかが指摘した Wi-Fi の使用範囲のことだった。関空（KIX）で借りた時の条件は「アイルランド国内」の設定だったから、北アイルランド（イギリス領）では使えないかも知れない、と

いうことだった。

　それと、換金のことも少々気になった。むこうは、ジョンソン首相のブレグジットで、ユーロじゃなくてポンドだから、着いたら換金せねばお昼が食べれないのだ。

　もう今日でダブリン４日目なので、Heuston駅までは信号を渡るのもスイスイだ。Heuston駅に着いて構内の電光掲示を確認した。が、俺の乗るはずの8：55発Belfast行きの列車（ディーゼル機関車）が出てない⁉　今回の旅行ではこんなアクシデントは珍しくないとはいうものの困った。まっ、仕方ない。駅員に尋ねた。当然だ。"この駅からじゃなく、駅の前の路面電車から乗ってConnolly駅まで行って、そこから列車は出るよ"という。なんか納得いかなかったが、路電の一日乗車券を買って、ルアス・レッド・ラインに乗った。

　この路線はConnolly駅の手前で分岐していて、Connolly駅が終点のと、Point駅が終点のとがあるのだが、その時まで、どの電車がどっちに行くのか、そもそもPointって何？　と思っていた。で、俺が乗ったのは分岐点でConnollyと反対の右に折れた。確率２分の１の失敗か。しかたなく、初日に行った次のGeorge's Dock駅で下車し、Connolly駅に向かって歩いた。幸い時間は十分あった。俺の乗るはずの急行は電光掲示板の9：30当駅発Belfast行に違いない（あとで、紙の時刻表を見ると「LUAS Tram」とBelfast行きの線路はリンクしていると書いてあった。Heuston駅が、トラムと鉄道と二つあるから

ややこしいのだ。だから朝、路面電車の切符は買わなくても、Belfast行きの急行の切符でついでに乗れたんだ)。やっと自分の指定の座席に着くことができた。

9:30

隣の席には、アジア系の青年がノートパソコンを開いて、何か数学か建築の本（？）を読んでいた。どこかの大学院の学生なんだろうか。隣のその学生は30分くらいでパソコンを閉じた（俺はひたすらノートに旅日記を書いていたが、俺の勝ち）。

11:45　北アイルランド・ベルファストで

　Belfast Laynon Place駅。が、俺がここで最初に戸惑ったのは、地図上でここが本当はどこなのか、ということだった。ガイドブックによればBelfastには大きい駅が「Central St.」と「Great Victoria Street St.」、その他に2つ駅がある。「Lanyon place St.」なんて書いてない。たぶんガイドブックの「中央駅」なんだろうが、万一違ってると帰れなくなるかも知れない。

　この時はまだスマホのGoogle Mapの便利さがわかってなかった。この時は、Google Mapとは違うアプリを使っていた。このアプリでは自分が向いている方向とか、どっちが北なのかが判別しにくかった。なので、用意したガイドブックの地図とコンパスで、あたりの目標物を頼りに自分の位置を確認した。けっこう時間を要した。Belfastはタイタニック号ゆかりの港

町であやかは博物館を俺に見せたかったのだが、見学するには時間が短すぎ中途半端だから、博物館の予約はしなかった。でも、せっかくだから、北アイルランドまで（最初俺はロンドンデリーに泊まるつもりだった）行って色々見て来いというつもりだったんだな。

12：00　換金所探し

　スマホの使えぬ俺は、またしても人間を頼りにすることになる。

　自分の位置を地図上で確認する前に、駅から出て最初にやったことは、換金所を探すことだった。あやかからは換金所の場所を示す地図をもらっていたが、なぜか、見るのを忘れていた。

　で、駅員に訊いた。外は雨が少し降った様子だった。駅構内の出入口で、ガキ2人がスノボで遊びはじめやがった。ここの駅の出入口には、明確に入る方と出る方を分けていた。が、守っている奴は半分くらいだった（つまり、みんな守ってない）。

　駅員は右の方へ道を下っていって、10分くらいだ、と教えてくれた。だがその後、俺は自分の位置を30分くらいかけて確認した。だから、この辺りか、というところまで来ているはずの所に、「換金所」なんて看板は見当たらなかった。俺は彷徨い歩くしかなかった。

　道は二手に分岐していた。どっちかっていうと賑やかそうな右方（つまり北へ。Victoria st.）へ向かった。暫くうろついて

ワールドツアーⅠ　アイルランド紀行

いると「i」(インフォメーション) のマークを見付けた。ここで訊けばわかるに違いない。トイレも近くにあるようだ (ただし、Belfast も標識には方向を示す⇒しかなく距離は書いてないのだ)。

　漸くして「i」にたどりつき、恰幅のいい係のおじさんに換金所の場所を尋ねた。すると彼はその場所でなく、私的に€→£の換金をしてやろう、と言いだした。スマホを取り出し、今のユーロとポンドのレートはこれだから、€25だと言ってきた。俺は€20を換えるつもりだと言っていたのに、€25だと言ったので、コイツはヤバイ奴だと思った。ダフ屋じゃないか？公共の仕事 (インフォメーションで働いている) の奴が私的にそんなことしていいのかよ、デブ。俺は断った。が、オッサンは意外に親切 (？) で、なら銀行へ行け、と言う。銀行 (AIB社) が近くにある、あっちだと。なる程、銀行なら換金できるだろう。「i」のデブのダフ屋、偽公務員がいい奴に思えてきた。

　行内の奥で列に並んだ。俺の前に3人くらいいた。窓口のおねえさんは"あなたは、当行の口座をお持ちですか？"と。持ってるわけがないじゃないか。"じゃ換金はできませんね。でも、出入口の所に立ってるあの係りの人に訊いてみてください"とまだ希望のある返答。

　するとその行員 (案内係りの。恰幅はいいが「i」の奴より体脂肪率は低い) は、わざわざ俺を外へ連れ出し、換金所のある建物の前 (道路を挟んで向こう側) であそこの2階「second floor」だと言う。サンキュー、たすかった。君は恩人だ。俺は礼を言って道路を渡った。AIBから換金所の手前まではほんの数十メートルだったが、その間彼は"日本の総理大臣、気の毒だったなぁ"と言った。UKでもよほど衝撃的な事件として報じられたのだ。俺は英語が堪能でないので、この件についての自分のコメントを伝えることができなかった。

　俺は、指をさされた建物の2階へ上がった。そこは日本の郊外のショッピングモールほど巨大ではないが商業施設で、服や靴やコップとか日用雑貨で溢れていた。しかし、買物の料金を支払う所はあっても換金所はどこだ？　あのおじさん嘘つきなのか？　いや、そんなことはないだろう。じゃ、彼が指さした建物をオレが間違えた？　そんなの普通はない。と迷っているとあることに気づいた！　そういえば、中学校の英語の時間に、second floorって、こっちでは…3階のことじゃないのか?!　で、俺は即刻3階へ上った。ぐるぐる回って探しても雑貨用品とレジしかないぞ、どーなってるんだ！

　俺は第5番目の人間（ここの店員）に尋ねることにした。するとそのおにいさんはあっさりと、それはあそこですよ、ととても親切に教えてくれた。グレート！　やったぜ。が、「換金所」とか、標示もなんもない。どこなの？　"ああ、あの右の奥ですよ"。おおそうだったか、よかった。お礼を言って、無印換金所の窓口へ向かった。あった。

ワールドツアーⅠ　アイルランド紀行

14：00　換金所

やや照明の暗いその一隅に、換金所はあった。やや恰幅のいい窓口のおばさんは、ユーロをいくら換えるのか、とパスポートを見せてくれ、と言う。オレは€20と「日本国」のパスポート（青色5年有効）を差し出した。

おばさんは何やら作業しながら、「チャイニーズ？」と俺に訊いてきた。今、パスポート見せただろ？　わざと言ってるのかボケてるのか？「ジャパニーズ」です。

（後追記：ベルファストのAntrim地区にあるM＆S Bankの換金所だった。8/5の14：02：39に換金したことになっている）

やっと、ポンドが手に入った。一応これで食事ができる。毎日歩きすぎ、少々寝不足で、タイタニックも何ももう知らねえ。とにかく食事だ。

大通りの角にあるGRANNY ANNIES KITCHENってとこに入る。クリーミーマッシュルーム£10.00とギネス中£2.90、合計£12.90。「i」のおっさんの言うとおり€25にしとけばギネスのレギュラーサイズが飲めたのにしまった。で、バイトのおねえさん（たぶん今まで入った店でいちばん可愛かった）に、俺は15.3ポンドしかもってないからね、と最初に注文した。マッシュルーム、旨い！　ギネス中サイズ、すぐ呑んじゃった。でも、これだけじゃ、ひもじいよね（帰国後、体重測定すると、体内年齢が47歳まで若返ってたのは、この断食のせいか？　あ

と、この店のレシートをよく見るとSTERLING（英貨ポンド）£12.90の下段に「EURO 17.20」とある。もしかして、ユーロも使えたのかも）。

　闘争心を失っていた俺はショッピングモールの前やシティホールの通りを歩いたりしたが、今から思えばもう少し脚を延ばして、タイタニックゆかりの展示物など見ておけばよかったと後悔している。

　ショッピングモールを歩いている時、スーツをバッチリ着た黒人のおにいさんに声をかけられたが、気力が低下していたし、ヘンな奴だと嫌だなと思って、無視したら、"え？　どうしてだよ"って反応だった。しまったことをした。ちゃんと答えて

美味かったクリーミーマッシュルームとギネス。£25にしておけばもっと飲めたのに！

車窓に広がる麦畑（たぶん小麦）

あげればよかった。このことも後悔している（日本人の私には無意識に黒人への差別・偏見があるわけです。これは外国に来ないと理解できない）。

18：05　車窓の風景から

　Belfast 発。列車（ディーゼル）は海岸線を走って南下し、ダブリンの Connolly 駅へ一直線。車窓は麦畑（小麦か大麦）と牛（乳牛か肥育かよく知らない）と羊と時々馬も。1度トウモロコシ畑も見た。北アイルランド－アイルランドは農業地帯だ（動画をいっぱい撮った）。ＵＫは欧州でも食料自給率は低い方でカロリーベースで54％（2022年）。日本は昨年度（2021度）の統計では37％だから、国防や国家安全保障を声高に言う人達の気が知れない。ちなみにアイルランドは64％（2022年）。

19:20　かわいそうな妹

　ある駅で停車した時、帰路の半分は過ぎた時間だったと思う。親子3人（母・10～11歳の姉・6～7歳の妹）のうち、妹を残して母親と姉が車外へ出た。が、暫くして列車は走り出した。残された妹は泣き出し、近くの大人（♀）に"ママとおねえちゃんが降りたまま戻ってこないの"と訴えている。ヤッベー。俺も二人が列車を降りたのは知ってたけど、これは事件だな。車掌に伝えるべきか迷った。が、もう少し経ってから、二人はコーラを買って戻ってきた。人騒がせだ。かわいそうな妹。すぐ泣きやんだが、これは幼女（子供の）虐待だ。トラウマになるぞ。冗談にも限度ってものがある。

　そういえば、俺もまだ国鉄時代の東海道線で、列車の停車中に弁当とか何か、父ちゃんと一緒に買いに行った覚えがある。でも、日本の場合は停車時間も十分長かったし、出発の時にはベルが鳴った。Irish Rail（Iarnrod Eireann）は合図なしだったから、二人はトイレにでも行き、乗り遅れたかと思った。やれやれ。

21:00

　いつもの宿に帰って、近くのコンビニ（もうだいぶ慣れた）でビールとワインの小瓶と何かスナック類を買って戻って、持ってきた栄養補助食品とアミノ酸サプリメント、それが夕食だった。

ワールドツアーⅠ　アイルランド紀行

8月6日　PCR Test

6:30

　PPH（Phoenix Park Hotel）の朝はちょっと遅いし、朝食は別会計だ。しかたなく、部屋に置いてあるインスタントコーヒーと砂糖にカップミルク（日本でフレッシュといってるやつ）をコーヒーカップに入れて湯を沸かして注いで飲んだ。前日の夜にコンビニで買った何かとアミノ酸サプリメントで腹ごしらえした（まさか、これっぽっちか）。

8:20　検査所

　PCR 検査は午前 9 時に予約してたけど、やっぱり早く着いちゃうんだよね。なにしろずっと寝不足だから。検査所 City testing Center（CTC）へは、もう勝手のわかるルアス・レッドラインを Heuston 駅から Busàras 駅で下車し、徒歩で予定の30分以上前に、検査所（CTC）に着いた。CTC はリフィ川の川沿いで、あやかはまだ来てなかったから川べりをぶらぶら（東へ向かって）歩いた。木陰にちょっといいテントが張ってあって近くのベンチ（背もたれのない）でアフリカ系のおにい

早めに着いたので、川沿いを散策

さんが日光に向かって彫像のように座っていた。まるで瞑想中の修行僧のようだった。

　いつもよりカモメが多数飛んでいる。彼らは人慣れしてて、近づいても逃げようとしない。黒っぽいタテハ蝶がいる。羽を広げて時々日光浴をして、俺が近づくとすぐ飛んでゆく。スマホでやり取りして、あやかもCTC前着。ずい分歩いてしまった。CTCには俺らの他に2人。やっぱり日本人。そんなに待たずに検査。綿棒で鼻腔と咽喉の2ヶ所の粘液を採取して、とりあえず終わり。痛くなくてよかった。

　近くの軽食屋で朝食を購入してあやかとベンチで食べる。1羽のカモメが足許らへんに接近してくる。ちょっと強めの風が。

ワールドツアーⅠ　アイルランド紀行

今朝もひもじい朝食だったから満足な気分。注文したエスプレッソが飛んで俺の赤のシューズにかかってしまった（4週間たっても靴のその痕跡は残っていた）。たいしたことはな

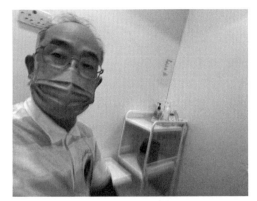

無事、PCR検査終了

い。ほとんど朝食は終わってたから。さて、腹ごしらえはすんだ。PCRの結果は1日以内にスマホに送られてくる手はず（これもあやかが予約してくれた、スマン）。

11：40　Bray Head 241メートル

　朝食を摂って、あやかと Tara Street 駅に向かって歩き出す。もう一週間近くダブリンに居るから、この辺も2・3回は歩いている。この線路の下はホコリっぽくあんまりきれいじゃない。しかし、ダブリンに住んでいるあやかも Tara 駅の方向を正確に把握していないようだ。が、そんなに迷うこともなく駅にたどり着いた。券売機で Bray 行き往復乗車券を購入して、プラットホームへ上がった。この線路も海沿いを走る。昨日の Belfast 行きと同様だ。

あやかとどんな話をしたのか憶えてないが、入国時の審査を簡単にするＳＯＳというアプリをあやかに入れてもらった。PCR検査が陰性なら、このアプリに登録して、画面が赤から青になったら合格。外務省が出してるアプリのはず。ご時世こういうスマホの操作がすいすいできるかどうかは大きい。あやかがいうには入国時、すごく楽だと言う。べつにいいじゃないか、時間かけたって。

12：15
　Brayってどんなところか、あやかが行こうというのが着いてから分かった。いいところだ。風光明媚な地域である。Bray駅を降りると道には車がいっぱい。今はバケーションの季節だからで、ここはリゾート地なんだな。車の半分くらいは日本車で、トヨタだけじゃなく、スズキやマツダも走ってる（日本車は初日のトヨタ車のタクシーから、PPHの近所には三菱の中古屋もあった）。

13：20
　昼食の場所がなかなか決まらない。それではとあやかが推薦するお店（スマホで検索）も見つからない。暫くして、オーナーが代わって店の名前も替わったんじゃないの？　という話に。で、そのThe Palm（棕櫚・椰子。仏カンヌ映画祭のPalme d'Or=「黄金の椰子」だから、キリスト教圏では棕櫚の葉に何

ワールドツアー I　アイルランド紀行

日本車率多し

か特別な意味があるんだな）って店で、あやかは魚のフライにマカロニ（Penne）、俺は魚のフライにポテトフライの付いたのを注文した。もちろんビールも（あやかもけっこう飲むね）。俺は1杯目にカールスバーグを飲んだけど旨い！　と思った。この時俺は確信した。日本人の俺はラガーの味に慣れてるから、ギネスとか、ベルギー・ビールが苦手（というか合わない）なのだとね。

　Bray 駅から南方になだらかな山（Bray Head 241メートルを丘とみなしている）の散策との提案あり（あやかはそのつも

昼食は、ボリュームのある魚のフライとポテトフライ。いわゆるフィッシュアンドチップス。そして当然ビールも

りだった)、右膝の調子に不安を抱えながら一応同意した。頂上には十字架が立っていて、遠くからでもよく見える。頂上周辺には大木はなく、草原という感じ。あそこまでずい分ある（3キロくらいはあるな）けど、まさか頂上を目指すとは、この時は思っていなかった。

15：30

　よく整備された散策道（というか登山道）を海岸線に沿って歩いた。景色はとてもいい。ウォーキングにも最適だ。眼下に海と線路。あやかは毎日往復2時間徒歩で学校に通っているのだと。父親（俺の兄）に似たのだな。だって、"朝気持ちいいじゃない"。若いっていいね。俺もそうだったな。だから、こんな山だか丘だかのウォーキングは丁度いい運動なんだな。

　どうやら散歩コースはBray Headを大きく1周（たぶん高低差はほとんどない）してて、いくつか頂上（241メートル）へ向かう、ほぼ直登するルートがあるようだ。我々はブレイ・ヘッドをほぼ半周（つまり山？　の反対側〈南側〉まで来て）して、頂上までの道を見付け、アタックすることにした（おいおい俺の脚のことも考えておくれ）。

　メチャクチャ急登ってほどでもなく右膝をかばいながらおそるおそる登った。俺は宮澤賢治じゃないから鉱物のことはよくわからないが、火山だったのかも知れない。化石は出そうにない。海岸側には樹林はほぼなく、草本類の草原という感じ。ブ

静かな海と、海岸線に沿ってカーブを描く線路を眺めながら散策

頂上であやかと記念撮影

ヨやハエなど昆虫はやはり少ない。ただ海岸の岩には、カワウ（？）やカモメ、上空にツバメ（日本のによく似ているように見えた）も飛んでいた（やっぱり、日本にいるカラスはいない）。雨も豪雨は降らないのか、登山道は急でもあんまり浸食されていない。

17：38

　頂上着、安堵。脚の調子は大丈夫だった。景色がよかったからか、意外に楽に登れた。頂上で記念撮影。日本みたいに水場

は少ない（1ヶ所あり）けど、頂上付近でテント張ってる者もいた。なだらかな広場みたいな場所に、どこから運んだのか、やや大きめのワゴン車がジュース類を売っている。それと、なぜか牛の糞も落ちてるゾ。牛の姿はないけど、牛に道をふさがれたら、意外と怖い。

若い頃、友人（故人）と恵那山（2191m）に登った時、そういう経験をした。周囲は笹の草原で登山道に牛が数頭いて、数分躊躇してから、牛の傍を"えい"とダッシュ全速で通り抜けた。

幸い、糞はあっても、本体は見当たらなかった。

Bray Headの頂上へはこんな遠回りしなくても、北側から登るルートをとれば最短だったのに。帰り道でそれを確信した。西斜面は樹林帯になっていた。やや遠くに馬の牧場も見える。登ってくる人達とすれ違う。小さい子供もつれている。意外と軽装。登り始めて、下山まで約3時間、この脚でよく頑張った。

海岸に出た。ここは海水浴も出来るみたい。でも日本みたいに下は砂ではなく小石ばかり。それゃ、近くは崖（cliff）なんだから。あやかは、父親へのお土産として、1個石を拾って俺にくれた。"けんちゃん（あやかの父／俺の兄貴）なら絶対拾って帰るよね（俺談）"。灰色に白の層が入っている。やっぱり溶岩なのか？

海岸にはやはり日本の真っ黒いカラスはいない。が、小型のカラスっぽいのはいる。あと、日本のとは模様の違うスズメ

ワールドツアーⅠ　アイルランド紀行

頂上には大きな十字架が

がいた。ダブリンのリフィ川にいたアオサギは日本のやつとそっくりだったし、カワウ（？）もよく似ている。陸の鳥は留鳥が多く、海の鳥は、海岸沿いに拡散するからなのか？

　水族館のトイレも汚いから駅までガマンするとあやか（🚹の方は普通に公衆トイレ）。水族館は混んでいて、観る気になれず。それに規模も小さいみたいで、ただの売店のようだった。そして、Bray 駅から復路、帰途につく。

　あやかはホームスティ先の夕食と入浴は時間が決まってるから（夜8時までに帰宅したい）と早め（ヨーロッパの夏は緯度が高いから夜も長い）にお別れ。俺はもう何度目かの路面電車だった。この日は（朝の車内にも日本風の着物を着て、プラスチックのオモチャの刀を持った男女がいた）コスプレかなんかのイベントがあったみたい。

20：00

　若者は夜まではしゃいでて、女の子ばっかり10人くらいで、歌をうたいながら、ペダル車をこいでいたよ。公道なのに大丈夫なのか？　スピードはあまり出ず、歩くより速いけど、走るより遅いくらい。うちの生徒らもこんなのあったら乗りたがるだろうな。

　Abbey St. からいつもの路面電車（ルアス・レッドライン）に乗った。土曜だし、何やらお祭りかなにかやってるから、夜9時すぎなのに車内は意外と満員だ。すると、通路側に座って

女の子たちがペダル車に乗りながらはしゃいでいる

いた女の子（10歳くらい）が座席を譲ってくれた。俺は一度断ったが、その子に断固として譲ろうとする意志を感じて、お言葉に甘えさせてもらった。俺の年齢もインターナショナル国際的にジジイの域に達しているってことだ。この子は家族と乗っていて、母親とたぶん弟（10歳くらい／双子かも）と妹（5〜6歳）だった。妹はお兄ちゃんに甘えて、両足のかかとを向かいの兄の膝に両足とものせた。母はやめときなさいって顔をしたが、兄は妹の小さい足を持って飛行機の操縦桿のように上げ下げして遊んでやっている。こっちも思わず笑えてきて、帽子

で鼻の下半分を隠してニヤけてしまった。こういう感情は世界共通みたいだ。子供らにもそれが伝わったみたい。俺はHeuston駅で降りたが、プラットホームから彼らに手を振り、向こうもそれに応じた。

　母さんはタトゥーをしてなかったから、ダブリンの西側地区に住んでる人達は階層が違うのかも知れない。8月7日にギネス・ストアハウスへ行ったあとに西地区を歩いた時、そう思った。

ワールドツアーⅠ　アイルランド紀行

8月7日　再びギネス・ストアハウス(GSH)へ

9:16

　この「ワールドツアーⅠ　アイルランド・ダブリン紀行」はもうあやか殿の世話になってばかり。この日のギネス・ストアハウスへは、あやかのアドバイスによって行くことにしたものだ。初日に、何とか親切な中国系のお姉さんに助けられ、入ることができたが、俺はビールとちょっと買物（コースターと帽子）をして、帰ってきた。それではGSHに行ったことにならない、と言う。

　"あそこにはビールの製造過程とかギネスの歴史を展示した博物館みたいのがあるから、是非、それを見て来るべきだ"とのこと。彼女のご指導のもと、スマホで予約して銭もキャッシュレスで払い（何だ、こうやってやれば初日も入場できたじゃん）、この日の朝9時半の順番だった。入口でスマホの画面を見せて、入場券をもらい、同じ時間に予約した人達（15人くらい）と同調した。説明が英語で細かい工程は不明なところもあったけど、だいぶ勉強になったし、今までのビールの知識を強化することができた。だから、同じ時間に入場したみんなより

けっこう遅れ（いやだいぶ）た。

9：30

　小グラスで試飲する時、元気のいい若いスタッフが熱心に入場者に講義（？）してくれたけど、英語だったのでほとんど分からなかったが。それにしても、初日もそう思ったが、ここGSHのスタッフは皆意識が高い。ギネスの本家だし、俺みたいな外国人もけっこう来るから、ギネスが世界水準だってとこを見せなきゃならない（去年の修学旅行〈和歌山〉で行った梅干し工場なんて、解説がほぼルーティン化して、彼らの本来の目的：生徒らに買物させること、にさっさと誘導しようという意図がみえみえだったが）。それにしても、一日何回も同じ話をするの、飽きてこないのか？

　この時は買物はせず（お金もないし）ギネス・ビールを一杯、俺はグラスを取ると別の客が"それはまだ早いよ"って言う。なるほど、もう少しビールが安定したら、もう一度ビールを注ぐのだ。やっぱりこっちの人は親切だ。一杯飲み干して、Brayの山々（彼らは丘と呼んでいる）を眺めたりしていると、他の客が、俺に余ったビール券をくれると言うのだけど、もう飲めねえよ、残念だったけど断った。

12：15〈ダブリン西区／現代美術館／国立博物館〉

　GSHを出ると自分の位置を見失ったが、入口の場所に戻る

ワールドツアーI アイルランド紀行

おとなしい
馬たち

ことができた。そこには(初日もだったが)馬車が並んでいる。一頭ずつ頭(というより顔)や鼻すじをなぜてやった。みんなおとなしかったが、やっぱり馬にも個性があって、俺との相性も合う奴とそうでもないのといるように思った。

　初日の方がしっかりしていたのか、この後、俺は自分のいる位置が再び不明になった。スマホのG.マップを使っていてもよくわからないのだった(ヘンだぞ)。俺は北のルアスの路面電車の「Museum」方面に向かっているはずだったのに、ずい分南西にそれている。さっきのビールのせいでトイレに行きたくなった(まずいぞ)。人気のない、路面電車の線路脇で用たし。このへんはダブリンの東側みたいな「街」じゃない。自分の横をたまたま通ったおにいさん(子連れ)に尋ねた。"あっ

ち行ったら駅のはず"。でもないけど。そしたら公園の近くに来た。このへんの人達って、入れ墨が少ないなと思う。2階建の住宅が並ぶ。

　首都の公園はやっぱりきれいでよく整備されている。俺は公園内の現代美術館（やっぱりタダ）へ入りトイレを借りた。どうも現代美術館には、あまり関心が湧かない。入ったけど、用が済んだらさっさと出よう。芸術はやっぱり古典だわ、ゲーテの言うように。

　今日は調子が少し狂っている。またまた自分の位置が不明瞭だ。が、路面でない鉄道のHeuston駅へ向かう道へ出た。やれやれ。もう疲れた。

15：16　岡野君

　ここの前はいつも利用するルアス・レッドラインの「Museum」で、この電車に乗るたびに行きも帰りも「Museum」というアナウンスが流れるのだった。そのMuseum＝国立装飾美術館・歴史博物館に入館した。やはりタダ。

　現代美術館よりはましだったが、私の好奇心はあまり刺激されなかった。ただ、日本の甲冑や刀など東洋ものの展示には興味をもった。しかし、この甲冑が誰の持物だったのか、よく分からないのが残念だ。そそくさと博物館を後にし、「Museum」から乗車した。あやかとオコンネル（O'Connell 1775-1847）像の前で集合することになっている。

国立装飾美術館・歴史博物館へ

　オコンネル：イングランドのアイルランド併合からカトリック教徒解放運動を指導したアイルランドの英雄であるが、オコンネルの電車内アナウンスの発音を聞いていると「オカノ」に聞こえる。「岡野」か？　ってことで、あやかと俺の間ではO'Connell さんは「岡野」君になった。

　あす（8/8（月））早朝に、この付近のバス停からダブリン空港行きのバスに乗らねばならない。当日焦らないように予行演習をしようという提案だ。岡野君の像（いつも頭にカモメが止まっている）から北へ150メートルほど北のバス停（他にも2

ヶ所あり）の16番か41番から乗って、小銭で支払う。おつりは出ないらしい。

初めて２階建てのバスに乗った。あやかが古くて由緒のあるパブに連れていってくれると言う。ここのパブではなぜか食べ物は出ないそうだ。飲み物のみ。つまりほぼビール。あやかは早速スマホでマシなパブを検索するのだが、手頃なのがないので、記念にここでやはりビールを。

18：24　最後の晩餐

再び２階建てバスに乗ってダブリン市街に戻って、別のパブで夕食としよう。音楽のライブとかやってる店もあったけどパス。午後８時少し前、まだ十分明るい時間に「最後の晩餐」とかいって、俺はギネスのスタウトは少々飽きたので地元のラガーとあやかはサイダー（ここの料理はとにかく、ご飯とかパス

移動はバスで

タとかの糖質と新鮮野菜が少ない。ギネスを筆頭にいろんな種類のビールがそろっているのは有り難いが)、スモークサーモンサラダとマッシュポテトの料理を各々頼んだ。

　ダブリンに来て6日目、けっこう長居（なにしろ同じホテルにずっと泊まっていたのだ）し、ジェームズ・ジョイスの小説じゃないが、ほとんど「ダブリナー（ズ）ダブリン市民」（小説のタイトルは複数形だが、私は単独なので複数にしない）になりかかっていた。

　アイルランドのまとめ
　1．博物館タダ
　2．人柄－親切　①カモメを救うバス運転手もいた
　　　　　　　　②人種・民族差別を感じなかった
　3．農業大国
　4．しかし、乞食はいる　マスクなしで医療は？
　　　老人少ない　犬元気（猫はいない）

20：00

　店を出て、あやかとリフィ川のほとりを少々散歩しながらいつもの路面電車のAbbey駅方面へ歩いた。すると舗道で、悪ガキ達のケンカが始まった。とり合えず1対1。1人はいかにもガキで、俺は思わず"やめとけバカ"と叫びたくなった。相手の方がやや大人で、まともに殴り合ったら、「いかにもガキ」

の方がボコボコにされて、やる前から勝負ありって感じ。だが、弱そうな少年はファイティングポーズを取って一触即発の緊張感。周囲のガキども（15〜18歳くらいか？　／全部で20人くらい）は騒然となりつつも、やれやれってけしかけてる。警察を呼んだ方がいいよな、と思いつつ放ったらかして駅に向かった。

　岡野通り（O'Connell st.）でじゃさようなら、いろいろ世話になった。銭は日本に帰ったらしっかり計算して、君の口座に振り込むか、けんちゃんに現金渡すよ、と言って別れた。

　Phoenix Park Hotelにもずい分世話になった。いつものように近所のコンビニへ夜食とあすの朝食的なものを買い出しに。説明が遅くなったが、ここのホテルには浴槽はなく、シャワー。髭剃り、歯ブラシはもちろんない（SDGsかよ）。もちろん温水洗浄便器もあるわけない。日本のメーカーさんは自動車だけじゃなくて、温水洗浄便器も輸出すべきだよ。

The Phoenix Park Hotelの前で

8月8日(朝)　帰国の途

　やっぱり夜寝られず、明け方、カモメの鳴き声の前から目が開いていた。もう6時前からとっくに起きていて、インスタントのスティックコーヒーはもう飲み干したので、据え付けのポットで湯を沸かし、紅茶を飲み、昨日いつものコンビニで買った何かを胃に流しこんだ。これならやせられる。

8：00
　段取りよく荷物の梱包を済ませ、洗面を済ませ、忘れ物の有無を念入りに確認した。8時半頃リアス・レッドラインのHeuston駅から乗りAbbey駅で下車して、日曜日に予習したとおり、16番のバス停で乗ればいいんだ。余裕だぜ。Phoenix Park Hotelのスタッフさんと記念写真。"じゃ、またいつか"。いざ出発。何だか、名残惜しい感じ。

　Abbey駅で下車して、O'Connellの像を通って、北へ200メートルほどのバス停のはずが、少々焦っていて、すぐには行きあたらず、やっと到着すると、ちょうど16番で停車しているバスの扉が閉まってしまった。俺は、運転手に合図を送るもムリ

って顔。まいっか。ちょっと早めに出発したのだし、次のバスを待った。

9:15

ほどなく、というか予定のバスに乗車。つりはいらないよ。細かいお金は返金されない。大きな荷物を背負ってよろめきながら3度目の2階バスの2階へ。着席して少し落ち着いた。ダブリン市街の風景がふつうに見えるから不思議だ。

9:55

ダブリン空港に近づいて来た。あと2-3分てとこ。Terminal 2、その向こうにTerminal 1という標識が見える。やや焦ってる俺は、手前のTerminal 2で下車。自分でもバカだと思った。案の定、バスは俺の歩みよりずっと速く、数百メートル向こうのTerminal 1にも停車し、Uターンして来てすれ違った。Terminal 1で下車すべきだった。このムダ。アホ。

10:08

やれやれ、一週間前に降りたもとの場所に戻ってきた。自分の乗るゲートを探さねば。その前にチェック・インして搭乗券を手に入れねば。

ところが、搭乗（12:55＝実際の掲示は13:20）の窓口がなかなか開かないのだ。お客はもう長い列を作っていて、窓口に

ワールドツアーⅠ　アイルランド紀行

13：20発のアムステルダム行きに乗りたいのだが

も係りの人がいるのに、だ。チケットでは12：55に搭乗して13：05には搭乗ゲートは閉まるってことだし、出発は13：20ってことだ。

　10時半頃からKLM/Air Franceのチェックインカウンタ前で並んでいる。まだどんどん列は伸びているのにチェックインは始まらない。係の人は既に座っているのにどうなっているのだろう。

　少々イラつきながらチェックインカウンタが開くのを待つ間、私の少し前の順番の若い男がチェロケースを持っている。列はくねくね蛇行しているので、彼の順番は前の方だけど、けっこう近くにいるので、話しかけてみた。

　"私もアマチュアでチェロを習ってるのだ。先月まで、バッハの組曲を練習してたんだよ"と言ったけど、うまく通じなかったみたい。「Bach」は「Back」と発音すべきか、「Sebastian Bach」と言えば通じるのか？　しかし、ひらめいた。そういえばスマホに、習ってたBWV1008-Sarabandeの譜面の写真がある！　すかさず見せると若いチェリストは即反応した。で、オランダかららしいので続けて"楽団はどこ？　コンセルトヘボウか？""ラジオ・オーケストラだ"。"おお、そうかい。ああ、知ってるよ"チェロも一席分取るんだろ""そうだよ""お金かかるね"みたいな。

　しかし、列はちっとも進まない。カウンターには女性の職員2−3人いるのに。

11:40

ようやく動き始めたけど、スピードが遅すぎる。全員処理出来るのかよ、このペースで。

俺の前にはあと10人、窓口は3ヶ所、少し早くなった。しかし、目の前なのに横からハイクラスの席の連中が先になだれ込んできたゾー。

12:20

やっとチェックインして搭乗券も手に入った。さっそくいそいで出国の荷物検査を通過CDGでひっかかったメモ用腕巻きゴムははずしておいた。

12:57

搭乗ゲート前椅子に座って、搭乗が始まるのを待っているけど、時間過ぎたよ?!（12:55のはず、はじまらない）謎だ。

13:02

突然、搭乗ゲートが変更に！　遅れて来たり、トイレに行ってたら、最悪だ。よくわかんないが皆が行く方向についていく。

13:37

搭乗始めたよ。13:44何とか着席。チェリストのおにいさんも。本当なら離陸してる時間過ぎてるのに。

だが、それでも飛行機はなかなか動かず。機長が下手な英語で何やら言ってるけど分からないねえ。飛行機動き出す。でも動いただけ。

14：45

なんと1時間25分の遅れ。オランダのスキポール空港（AMS）の乗り換え間に合うかよ。予定ではオランダ・スキポール空港へは16：00着。て、ことは1'25"遅れだから17：25着。スキポールのKIX行きは19：29搭乗だから、その間2時間あるってことか。しかし、ちょっと短い。2時間以内に出国の審査とかするのか？　CDGでは12時間後にしたよな、同じEU内だけど。

17：15　スキポール空港着

スキポール空港着陸。とにかく、空港の搭乗ゲートの位置を確認せねば。電光によればF5ゲート（スキポールは広いから歩いて29分かかった）。F5を探してウロウロしていると、不思議な時計が!?　写真では時計の大きさがよく分からないが、中に人が入っているように見えるけど、こんな巨人はいない。分針を中の人間（？？）がいちいち1分ごとに消して、時刻を進めているのだ。へー、オランダ人って奇想天外な発想をするんだなぁ。

中の人が針を消しては描き直して時刻を示す、ユーモラスな時計

18：00　記録ノート①を紛失

　少し時間があるから夕食を。オランダ名物クリケット！　いや、Croquetts €10.95+Heineken €6.35 アムステルダムコロッケっていうただのコロッケ。

　店のおじさん（＝給仕係のやせ型50代？）に"15年前と味変わらないねぇ"と言うと"変えてないからな"とのことだった。やはりラガーの方が旨いと思える。Heineken は Lager。

　たぶんこの後、旅行記録ノートを紛失したことに気づいた。飛行機が遅刻して時間がギリギリだと思って降りたのが間違いだったんだな。きっと飛行機の座席のポケットだろう。

クリケット(コロッケのこと)とハイネケンで軽めの夕食

18:43 記録ノート②

ノートを紛失した。たぶん飛行機じゃないかな。少し慌てたのがまずかったかも。

あやかの借金が正確にはわからなくなった。日々のデータも消えた。さっきのフライトの謎も記録したのに。まぁ、とにかく、F5へ行くか。これも運命だろうか。

19:11 F3 GATE

ここのゲートは韓国人(仁川経由だから)と日本人が多くいる。さっき男性トイレへ行くと東洋系の中年女性が掃除をしていた。なぜか、俺が場所を変えても、俺のいるところの床を拭きにきてる気がする。たぶん、ダブリンではしないことだ。そ

もそも、そう思われないよう気を遣うはずだ。
　あと6時間で、長崎の慰霊。

19:23　いよいよ搭乗開始
"小さいお子様づれの方が最初"。俺はゾーン5だから最後の方のはずだ。日本語のアナウンスで、マスクをしてくれと。
　ダブリンの搭乗を思い返す。おかしいのは離陸が2時間遅れたのに、到着時間は、定刻なんだ。なぜ？　ワーイ？？
　それから、シャルル・ド・ゴール空港では搭乗前に持ち物検査をしたよ。俺の腕輪（ボールペンでメモするための文具・ウエアラブルメモ）が反応したので憶えている。なのに、スキポールはそのまま搭乗できる。同じ条件だろ？　夜12時間もいたら何か物が増えるのか？　謎だらけ。

20:00
　着席す。1つおいて、左隣（40歳♂）と私の前（高2♀）が日本人だ。不思議な感じがする。"日本語じゃん"。

20:14
　目をつぶったら眠れそうだ。

20:17
　搭乗時言われたことは、飲食時以外はマスクをしろ、というものだった。EUとなんでこうも違う？　パブは大声だし、電車だって満員でマスクはもちろんなし。誰も（いや、してる人もいた）ほとんどやってない。

20:31
　動き出した。

20:42
　とうとう離陸だぁ。もうこれでこの旅も（あやかに返金したら）ほぼ90％成功だ。大阪では野宿でも飲み明かしても何でもよい（阿久比のアパートまで帰るのが一番には違いないが）。

20:58
　やっぱ、クラシックだぜ。ビバルディの『四季』を聴いてる。教会の中で古楽器でやってる Giovanni Guido がバイオリンのソロ。アレンジが随所にあり。ノンビブラート。ン、いいねえ。なぜ文学より音楽なんだろ。

　月がきれいに見えるのは、地上より近いから？　まさか。たぶん空気が薄いからだ。

　主翼は茜色。西陽だ。この位置からだと月の満ち欠けの様子がよくわかる。なにしろ、太陽が月っていう球体の片側を照ら

しているのだから。

22:35（和蘭時間）、5:35（8/9日本時間）

　今、ハンガリーの東、ブカレストの北を東に向かって飛んでいる。ブカレストとモスクワの中間にキーウが位置している。ハルキウは少し東。じき黒海にさしかかる。

8月9日　KLM機内

9:00

　空が明るい。2時（日本時間）すぎにトイレ。すっきりした。空が明るいのは月のせいだ。真上に月、主翼を照らす（「月」は、本当はたぶん太陽で、眩しいから窓にスモークがかけられている。ポルトガルからの帰路でも同じだった。165ページ参照）。

　ソウルまで3時間を切った。

12:53

　仁川着。飛行機の窓が温かいのはなぜ？
1．ヒーターで　2．空気の摩擦で（まさか）　3．太陽光で

13:02

　飛行機内が明るくなった。照明をつけてくれたので文字が見える。月だと思ってたのはどうも太陽だったのかも知れない。スキポールを20：42離陸なので、しばらくして夜になった。月も出ていた。しかし、じゃ、いつから太陽は頭上にある？

隣の人に教わったのだが、またここで荷物検査をすることに。

14：40
仁川で一度降りて、また乗る。ここの従業員は若い人が多い。それと、日本人だから、特になんだろう。普通に対応するように、訓練されているように見える。

15：09
KIX行きの同じ飛行機に乗ればよいのだが、慌てているからか、降りたゲートを見ずに来たし、検査の時、家の鍵を忘れそうになった。ヤバイ。

16：34
雨離陸。予定は16：35発だったのに、1分早い。ゆっくり買物してたら搭乗時間近くなってたので慌てた。ユーロも€1以上なら使える。小銭はダメ。で、紙のパックワインを買った。

19：23
関空のJR窓口で名古屋までの乗車券と新幹線の特急券を購入した。関西空港19：46発－21：33名古屋着。計8850円。

8月10日　自宅アパートで

9:34

　まだ、この旅は完結していない。あと、5、6つやることがある。たぶん、きのうは、2時か3時には寝床に入ったはずだ。この旅行で、最も睡眠がとれた（本当は一日中寝ていたいのだが）。

　「やること」とは
1. あやかの借金を正確に計算する
2. 返済する
3. 髭を剃る
4. KLMに電話して、ノートを探してもらう
5. 学校へ行って、お土産を配る
6. ご飯を炊く

後記：お昼に学校へ寄り、お土産を置いてきた。

ワールドツアーⅡ
ポルトガル紀行

2023/11/6-11/11

The World Tour Ⅱ　to Portugal

11月6日(月)　出発す

　私のワールドツアーⅡの目的は、かつて世界の覇権を競った大国が今どうなっているかを見聞することである。行き先はポルトガルだ。

13：20
　家は少し前に出発した。

13：38頃　名鉄植大駅
　名鉄植大駅の電光掲示板に、名鉄本線の長沢－本宿間で、事故か何かの理由で、犬山線にも遅延が出るそうだ。こっち（河和線）に影響がなければいいが。
　電車は植大に予定どおり到着した。
　電車の中はたぶん下(しも)（知多半島の南）の学生が大半なのだろう。ほぼ全員座っている。優先席にも。立ってるのは10人。老人はいないが、中年は1人いる。若者が「優先席」に座っている。これは、誰かが対面で注意・マナーを教えないからだろう。俺にも責任がある。

ワールドツアーⅡ　ポルトガル紀行

時間通りに植大駅を出発

14：41　JR新幹線名古屋駅

　名古屋発新大阪行、自由席に乗った。2号車の先頭の1番目に並んでいたら、後ろのお客が、人が下車している間にオレの前に出たので、そいつのリュックの肩紐に手をかけそのオヤジに「おいおい…」と言うと、相手は「うるせえ、ごたごた言ってないで早く乗れ」と言うので「オマエがうるさい」と言って、後ろへ引っ張ってやった。

　このオヤジの行動は、顔の品の悪さから予め察することができていた。たぶんこのオヤジはいつもこんなふうにしているのだ。でも言い返されたことなどないのだろう。このオヤジはせせこましく図々しいが、俺の方も心の余裕がまるで足りない。というのは、3週間前に急に決めた旅行で、日程も去年のアイルランドの時よりタイトで、気持ちにゆとりがないのかも知れない。

15:40　新大阪駅前発

　伊丹空港行のリムジンバスに乗った。雨とかでやや渋滞していて、20分のところ30分くらいで到着の予定だと。ここのバス停をG.マップで検索してもムダだった。どこかのホテルが出てきやがった（シンさん、何か怒ってるみたい）。そこで、JRの職員に尋ねると、丁寧に教えてくれた。やはり人が一番いい。新幹線は3階で南から1階に降りるとすぐだと。

　新大阪到着10分くらい前に新幹線車内の乗降口のスペースで雨用靴に履き替えた。京都あたりから雨になった。

17:39　伊丹空港

　伊丹空港の珈琲店で、コーヒーとミックスサンド（1480円）をいただいた。出発までまだ2時間以上ある。

伊丹空港でサンドイッチとコーヒー

ワールドツアーⅡ　ポルトガル紀行

　JALで手続きをした。受付のお姉さんはかなり丁寧で、CDG（シャルル・ド・ゴール空港）の着発口まで教えてくれた。乗り換えに1時間40分しかないから、ゲートを間違えぬようにという配慮からだろう。
　やはり航空会社の女性は品がよく容姿もいい。しかも親切。言葉が通じるというのは、ありがたいことだ。
［新幹線：名古屋－新大阪＝5940円／リムジン：新大阪前－伊丹空港510円］

19：05
　伊丹空港。搭乗手続を簡単に終えて、入場。目標のゲート17もすぐわかりとても楽だった。これも日本語が通じるありがたさ故である。
　Wi-Fiを借りた。やはり夜遅くでは借りられない可能性があり、羽田では無理だったかも。気付いてよかった。
① 飛行機に乗ったら、ずっと機内モードにしておいた方がよいと受付の若者に言われた。海外のドコモの電波を拾ってすごい金額を請求されるケースがあるという（初めて聞いた）。
② こまめに小型Wi-FiをON-OFFし、iPhoneもできるだけ自由Wi-Fiを使うべきと。小型Wi-Fiバッテリーは6時間だそうだ。2日でなくなるな。

105

19:20
　伊丹空港。あと30分ほどで搭乗が始まるはず。とにかく11月というのに暑い。長袖の人もいるが、よく耐えられるなと思う。

20:20
　JAL.AF8191便。飛行機が動き始めた。今夜は気象状況がよくないので、サービスは冷たい飲み物だけにさせてくれと（アナウンス）。でも、なかなか飛び立たぬ。

20:30
　羽田まで594キロ、54分かかると。予定だと21時24分着か。そういえば、西からの国内線が欠航になったとか言ってたので、日本列島の上空は荒れ模様なのだな。

20:36
　ちっとも離陸せず（20:40やっとこ離陸）。

21:03
　膨満感の薬は効いてるみたいだ。羽田まであと30分だと。この姿勢では眠れない。

22:12
　羽田空港。さっき俺が乗ってたAF8191便から国際線に乗り

ワールドツアーⅡ ポルトガル紀行

換える人は30ゲートからバスが出ていて、俺はそれに乗って、国際線のところまで行かねばならぬのに、トイレに行ってる間に置いていかれて、俺だけが残されてしまった。

22:21

よかった。22時15分のリムジンに乗れた。だが、乗客は俺一人。これがフランスだったらどうなってたことだろう。

乗客は俺一人。これがフランスだったら……

23：16　羽田空港ゲート141の前で

　国際線に辿り着いたところまではなんとかなったけど、もし、日本語が通じなかったら、どうなってたろう。空港関係とかに数人訊いてやっと来れた。しかし、これがフランスだったらお手上げだな。羽田はCDGより複雑ではなかろうか。私の搭乗券には「搭乗時刻」が０時15分になっているが、出発は１時00分で、俺も見間違えた。

　今年の夏季休暇に、ネムノキの剪定をした時だと思うが、たぶん熱中症で少々頭が痛かった。それが未だに続いていて、さっき少し頭痛はしたが、今は治っている。

ワールドツアーⅡ　ポルトガル紀行

11月7日（火）　エールフランス

0:05

　ゲート141前で、寺嶋（職場の同僚で、下の前歯に歯が1本しかないので、昼食はいつもだいたいカップ麺をすすっている）風の小男が、俺がトイレに立つと後からついてきたように思えたので、やめた。しかし、なかなか出てこないので、仕方なく入ると、大便のところから出て来た。そして、小便をしていた俺の方に近づいてきて"あっ、間違えた"といって出口から出ていった。これは偶然か？

0:10

　ぼちぼちファーストクラスとかの人から搭乗が始まったが、どうも出発が1時00分→0時45分に変更になるようだ。

0:43　エールフランスAF0293便

　とり合えず座れた。狭い。左前の小僧（仏人か？）は座席を倒している。文化が違うのか。礼儀がないのか。

　あと14時間20分だと。身体と精神がどれほど耐えうるかだな。

1:05

こんな劣悪な座席で14時間20分もどうやって休もうか。でも、何とか眠れる気がしてきた。機内 Wi-Fi が使えるという（北極圏を通過するのだと。その時 Wi-Fi は使えなくなるとのこと）。

1:15

離陸。なんか、スマホいじってたら、キャビンアテンダントのお姉さんが、ダメだと。よくわからない。隣のオジサンはケーブルつないでるのに。

目的地まで1288km14時間とのこと。隣の兄ちゃん、すごいや寝てるよ。

南に向かって飛んでるのはなぜ？

2:00

北東へ向きが変わった。北極圏をとおるといってたものな。すごく気流が乱れている。

3:15

ふと笑いがこみ上げてきた。気流も乱れ、劣悪な状態で、ろくに睡眠もとれないのに、数週間前まで半分冗談だと思ってたことを今現実として実行しているのだから。何しろ、本当にフランスに向かって飛んでるのだから。

ワールドツアーⅡ ポルトガル紀行

7:00前

トイレに行く。ところが出ないのだな。尿も少ない。慣れない公衆トイレでは萎縮するのだ。

9:00頃

あと6時間40分。ヨーロッパ旅行の最大の苦痛は飛行機の移動だ。とにかく半分過ぎた。今、北極海を通過している。外を確認できないのが残念だ。窓を閉めるように指示されている。

周りは翼の摩擦音がするくらいで、皆静かにしている。去年よりましなのは、少し眠れていることだ。

9:55

あと4時間55分だと。5時間を切った。普段なら、こんなにトイレをガマンできないものだ。トイレに行きたい気もあるが、それを忘れることもできる。

前席のマダムは、やっと後方に人（つまり俺）がいることに気付いたみたいだ。鈍感な女だな。この座席の背もたれの圧迫感も大きな居心地の悪さだ。

左隣のお兄ちゃんは30代くらい。

もっと清潔なトイレで用を足したい

右のオジサンは40代くらい？　両者ともトイレに行くそぶりもない。どんな肉体なのか？　驚異である。40代のオジサンなんか、パンか何か取ってきて食べてる。「マダム」とはキャビンアテンダントが言った言葉だ。

　さっき2度目のトイレに行って小便をした。しかし、量が少ないのだ。300ミリリットルもない。ただ色は濃い。昨日の朝もビールを飲んでないせいかも。

　座席の幅はA4ノートの2辺よりやや短い。

12：55
　あと2時間45分

14：00（日本時間）
　室内に電気が灯った。デッキへ行き、水（100ミリリットルくらい）をもらい、ペットボトルに分注した。あと1時間40分くらいでCDGだ。問題は乗り換えで、今回の難所の1つである。羽田では言葉が通じたが、CDGではスラスラとはいかない。

　膨満感を改善する薬は便秘にならないか少し心配だ。この機内に搭乗して、1錠飲んだが、それから飲んでいないので、ガスがちょっぴりずつ漏れる。両隣の人達は気付いているのかどうか。

　あと30分もしたら、アミノ酸サプリメントを飲もう。

ワールドツアーⅡ ポルトガル紀行

14：25
あと1時間余りでCDGに到着なのに朝食が出る。遅くないか？

14：45
朝食完食した左隣の若者は食うのも早い。膨満感を抑える薬を服用。朝食いまいち旨くない。

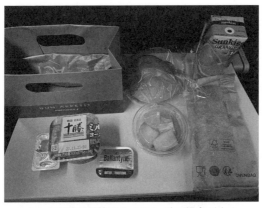

あと1時間で到着のタイミングで朝食が出た

11月7日(火) フランス時間

7:26（フランス時間）
　到着は7:53だと、搭乗が9:05なのに、どうやってゲートまで行く？

9:05
　10分ほど前に何とか搭乗口到着。
　Wi-Fi使えず。スマホのコンピュータセキュリティソフトがセキュリティが甘いからやめとけと。写真の顔はやややつれているのか、あまり男前じゃない。
　出国時の顔認証がうまくスキャンしなくて時間がかかってしまった。とにかく辿り着いて良かった。あとはポルト行の飛行機（AF1528便）に乗るばかり。

9:40
　自分の席に着く。隣の老婦人は感じのよい人でよかったかも。あと1時間でポルト着。問題の本質はここからなのだがね。

とりあえず、無事に到着

9:55

　離陸。シートベルトやカバンなどの落下防止チェックがすごく甘い。席は満員。

　計画を今、考えた。

① 　ポルト空港のロビーNova Conbios でポルトカード€13/日（ただし市電・ケーブルカー不可）が買える。明日のことも考えて€20/2日にしてもいいな。

　地下鉄エアロポルトE線－トリンダーテ乗換D線で南へジカルデイン・ド・モーロ下車。

② 　目の前がケーブルカーで世界遺産のところだ。

③ 　Wi-Fiが使えるようにしなければ。

　今日、まだうんちしてないけど便秘にならないようにしなければ。

CDGでは去年Wi-Fiが使え、そのありがたみを感じたが、なぜか今回はコンピュータセキュリティソフトが空港Wi-Fiの使用を許可しないのだ。で、今どこともつながっていない。
　これで、伊丹で借りたのがダメだと最悪だな。

10：50（フランス時間）
　10時50分ポルト空港着のはずだが、飲み物のサービスが来たので、コーヒーを注文した。
　心配はホテルだ。予約をして、カードで払ったと思ってるけど、また払えと言われたらどうする？

機内。コーヒーで一服

11:15

　到着は予定の20分遅れだが、まだ着陸の気配がない。ちょっと頭が痛いね。気圧のせいじゃないと思う。

　先日から不整脈が出やすくなっていることと関係があるのかどうだか、左胸の脇に近いところに昨日あたりからか、ちょっと痛みがある。心筋梗塞の徴候でなければいいが。

　なるほどわかった。11月から冬時間なんで１時間違うんだ。たぶん、11時15分が12時15分になるんだろう？？

11:40

　ポルト着

13:05

　何とか、ポルトカードを買って、メトロに乗った。

　どういうわけか、隣に立ってたおにいさんのジャケットを引っ張ることに。そしたら、スリと思われてしまった。その後、約8.5キロの荷物を急いで持ち上げた時、左脚ふくらはぎを痛めた。ちょっと痛い。水分が足りないのもあると思う（しかし、このせいで暫くしたら、腰も痛くなってきた）。

14:37

　左脚ふくらはぎはたぶん肉離れだな。メトロでお兄さんが俺のカバンを荷台に載せるのを提案して動かした時に、やったの

だ。歩行にかなり困難を感じる。

　ここは観光街で外国の金持ちの来るところみたいだ。ケーブルカーでの写真もたくさん撮った。世界遺産だけのことはあり、景色は絶景だ。いいところだが、脚と体調いまいちで十分楽しめない。でも杖もってきて本当によかったよ。右膝のために持ってきたが、まさか左にくるとは。

ケーブルカーからの美しい眺め

ワールドツアーⅡ　ポルトガル紀行

ポルトの赤い屋根の街並み

まずはビールでのどを潤して

15:25

やっと一服できた感じ。「Super Bock」っていう店でビールを飲んだ、€2.6。まぁうまかったな。食事なし。ここは観光地でどうも、いまいちだ。治安もなんとなく悪い感じ。アイルランドの方が治安はいいと思う。

さて、少々早いけど、宿に向かうか。買物もあるし。

16:15

「SANDEMAN」というポートワインの本物の店で10年物を一杯飲んだ。一気に飲んだら倒れるね。ALC.20％だ。

ワールドツアーⅡ　ポルトガル紀行

本場のポートワインを1杯。
テーブルの傍らには、この旅でおおいに役立った杖が

16:30

　いかがわしい奴もいっぱいいる感じがするけど、自転車でトレーニングしてるのやら、ランニングしてるのやら、まともで真面目な奴もいる。おもしろい街だな。店員の多くはやる気が今一だが、さっきビール呑んだとこのアンチャンはナイスガイだ。

　お代は後払い。無銭飲食はないのかな？
　さて、宿まで行かねば。夕飯は？

17:30頃

　G.マップを頼りに、初日の宿＝アパルトメントを探すが、よく分からない。少々暗くなり始めている。暫くウロウロしていたら、電話が掛かってきた。どうも、電話の主（女性）からは、俺が見えてるらしい。電話での遣り取りは外国語（ここでは英語）能力が試される。目の前が入口だそうだ。ホテルの入口とは全然ちがう。これじゃ分からない訳だ。なるほど、アパルトメントだからなんだな。扉を開けて中に入った。

　ところが、受付は無人だ。呼び鈴は置いてあるけど、鳴らしても人は出てこない。すると、たまたま通りがかった宿泊客（東洋人の女性）が、"受付に人はいないよ"と英語で教えてくれた。じゃ、チェックインどうすんの？　俺の部屋は？　鍵とかは？

　仕様がないので、さっき掛かってきた電話にリダイヤルした。

ワールドツアーⅡ　ポルトガル紀行

ワタシ、エー語、サッパリワカリマセーン⁉　お手上げ。泣きが入りそう。しかし、204。部屋番号は聞き取れたぞ。電話を切らずに階上へ。

　ん、ここか。しかし、どうやって部屋に入る？　何か数字を言ってるが、部屋の入口の壁に鍵ボックスがあるって？　おお、こいつか！　でも、それがどうした？　なるほど！　ボタンを押して、言ってる4桁の数字に合わせたら、キーボックスの蓋がパカッと開いて、鍵が出てきた。安堵。

　ここのアパルトメントの正式名称は、Santa Catarina-Pool and Fitness,Port Adults Only Apartmentっていう。何か怪しげな名前だ。街中にしては少し安めの宿だったので、ここにブッキングしたのだが、そもそも俺ひとりで泊まるような物件じゃないことが部屋を見て分かった。とてもきれいで、入口はひとつなのに中は1階と2階が使えて、各階にトイレとダブルベッドがあり、1階にはさらにキッチンもある。驚きは、外に庭があり、プールもあるのだ。だから、2グループ用ってことだな。そういえば、予約する時、なぜかパーティとかするなって書いてあった。「Adults Only」というのは、分別ある大人のみ、ガキお断り、って意味なんだな。何かあっても、従業員いないし。

11月8日(水)　アパルトメントの「受付(フロント)」は無人だった

2:14
　ここのアパルトメントっていう宿だって、受付とか人はいないが、寝具や浴室など、床もきれいだ。庭も手入れがゆき届いている。「受付」の人件費はカットしている。そのため、私に対するサービスもカットされ不便だった。これも「働き方改革」なんだな。

2:20
　外は雨が降っている。ウェザーニューズで、ここの天気を確認すると「今の天気　くもり　12℃／0.0㎜　79%　4.0m／s南」とある。おかしいだろ、今まさに降ってるじゃないか。
　ポルトには、観光業くらいしか産業がないのだろうか。あとポートワインとか、コルク生産とかそれはそれでいいのだが。資本主義は競争原理だから、ポルトガルは負けたらダメだ。16-17世紀の繁栄と衰退。農本主義の宮澤さんならどう考えるのかな。また、睡眠不足だ。

7:10

今日の問題は身体的なこと以外に2つ。

① チェックアウトをどうするか。昨日電話掛かってきた人に再び電話して訊くか。もし、フロントに人がいればいいが。
② リスボンまでの乗車だ。駅で並べばいいのだが、できなければ大変である。あと、
③ ハリポタ書店は一応予約してある。

ここの客も静かだ。車も通ってないみたいだ。夏と冬時間では1時間差がある。スマホでは7時過ぎになっているが。雨だ。

7:50　アパルトメント、チェックアウト

朝、フロントにはやはり受付嬢はおらず、どうしたものか思案していると、カウンターの内側の台に、メモ用紙にObrigado!て書いてあり、鍵も置いてあった。なるほど、俺も真似した。鍵にお礼の言葉を添えて、さらにポルトの宿泊税€2をメモ用紙の下に隠しておいた。

とはいっても、外は雨だし、左ふくらはぎだけでなく、腰痛も抱えて、今日の目的地の一つ、映画『ハリー・ポッター』ゆかりの本屋 Livraria Lello へまさか、8.5キロの荷物を背負って歩くのか？　早朝からトホホである。そこへ、朝食を配達に来たおにいちゃんが出ていくところだった。

"8時半にならないと受付の人は出勤してこないよ。"待つには長いな。おにいちゃんに Taxi 呼べるか訊くと無理そうだっ

たので、ちょっとヤバイかなと思いつつ、"じゃ、もし良ければ乗せてってくれないか"とガイドブックを見せながら、今日の目的地 Livraria Lello を示した。"この先650メートルまでなら乗せてってやるよ"と言う。

　黙ってても何なので、ポルトガルといえば、サッカーのスーパースター、クリスチャーノ・ロナウドだ。"ロナウド、この間、親善試合でサウジのチームと日本に来て、フランスのサンジェルマン相手に試合したぜ。"ブラジル出身というおにいちゃんはこの情報を知らなかった。"ちぇ、アラブのチームなんかに移籍しやがって""でも、日本のサッカー強くなったろ、この間、テストマッチでまたドイツに勝ったし、前回のワールドカップじゃ、スペインにも勝ったからな""日本のフットボールはたしかに進化してる。次のワールドカップは、ブラジルと決勝だな"

　サッカーの話で盛り上がっていると、じき目的地のハリー・ポッターの書店 Livraria Lello に到着した。あれ、650メートルじゃなかったのか。仕事大丈夫かよ、にいちゃん。

　で、€1出したら、親切でやってるからいいと固辞されたが、俺も意地で払ってきた。

　注意：これは白タクだし、もしこの男性に恐喝でもされてたらとて危険だった。真似しないように。

ワールドツアーⅡ ポルトガル紀行

外観も目を引く Livraria Lello

8:10

『ハリー・ポッター』ゆかりの Livraria Lello の前には軽食屋があるが、何時開店なのか？ ちっとも開店しないね。それとも、これで開店してるつもりなの？ やる気が見られない。ここの人達は街中で歩きタバコ OK。街の所々に、吸殻入れも用意してある。しかし、9時予約だから、まだだいぶ時間がある。

8:45

　Livraria Lelloはなぜ、パチンコ屋みたいな照明をつけてる？気付いたら、雨の中、書店の前に予約客の列が20メートルくらいできていた。左のふくらはぎと右膝をかばい、杖をついて8.5キロの荷物を背負ってるから腰をますます痛めた。せっかく早く着いたのに損した。

9:00

　スマホの予約した画面を入口で奮闘する女性スタッフに見せたが、これだけではどうも入店できないらしい。よく分からぬ。が、その女の子はいろいろ世話を焼いてくれ、何とか入れてもらえた。

9:45

　傘に杖、8.5キロのザックを引き摺ってて、人も増えてきた。荷物を手で提げるか前に負えと書店の男性店員が言ってから特にひどくなった。前向きは腰に負担になる。

　たしかに、ここの本屋は美しい。2階建てで、木造建築。螺旋階段の木彫はらんまのように細かい細工がしてある。ハリー・ポッターの原作者に影響を与えたのも無理ないことだ。

　驚いたのは、なぜかフランスの作家でパイロットのサン＝テグジュペリ『Le Petit Prince（星の王子さま）』のコーナーが設けられてたことだ。

ワールドツアーⅡ　ポルトガル紀行

螺旋階段の木彫は、近くで見ると、より迫力がある

Livraria Lello 店内。ホグワーツの階段を思わせる

　うちには、内藤訳と池内訳の他に英語訳が２種類と、読めないけど持ってるフランス語の原著版がある。店員さんに"ポルトガル語だけどいいか？"って訊かれたけど、"オッケー"記念だから。

『星の王子さま』の展示もあった

ワールドツアーⅡ　ポルトガル紀行

サン・ベント（São Bento）駅に向かおう。G.マップによれば、ここから約600メートルだが、まだ降ってるし、ちょっと辛い。

11:46

この旅行で最も困難を感じる1つはアプリのG.マップだ。São Bento駅に徒歩で向かう時、いったいどこを歩いているのか少しずつ狂うので、気付いたら駅前にいたのである。構内は

壁がタイルで装飾された São Bento 駅

タイルで装飾され、とても美しかったが、鑑賞してる余裕がなく、切符を窓口で訊いたら、特急指定券が買えると言う。始発は次のPort Campanhā駅なので、半信半疑だった。一応面倒臭いことにならなくて助かった。ここの窓口の職員も愛想がない。客（俺）が待ってるのをよそに、暫く小銭を数えていた。日本ならあり得ないし、小言をいってる。

11:55

雨止んだみたいだ。愛想のいい人もいる。昨日ビール呑んだとこの店員さん、今朝のハリポタ書店の入口の若い女の子。でもPort Campanhā駅の有料トイレのオバサンは最悪だったな。トイレのレシートをちぎらないから、機械からレシートの紙が何十センチも垂れ下がって汚らしかった。払った銭もちょろまかしてないか信用できなかった（後日、実家に帰ったあやかにこの話をしたら、あやかもこの駅の有料トイレを利用したことがあって、このオバサンのことを憶えていた。世界的に有名なんじゃないか）。

12:06

当初では、Port Campanhā駅を10：38発Lisboa S.Apolónia駅に14：00着だったから、約1時間遅い。ハリポタ本屋からの移動に手間取ったんだな。だからリスボンへは15時頃着だ。けっこう遅い時間だから、夕食をガッツリ食べよう。今日の目標

はそれだ。で、Hotel Rome を目指す。如何に？

12：13

ポルトから45分。風景がだんだんと湿地になってきた。

電光掲示板に12時21分　Ext.17℃とある。

次はアヴェイロ「Next stop Aveiro」とアナウンスあり。この列車は背中側が進行方向だ。日本なら、座席の向きを係員が直すところである。Aveiro で数人乗ってきた。あと３回停車すると意外に満員になるのかも知れない。

車内販売とかのサービスはないのかね。ビール飲みたいな。222km/h で突っ走っている。

12：32

出発から１時間。今日はほとんど屁が出ないし、膨満感もない。なぜなら、ほとんど何も食ってないからね。

そういえば、ポルトの飲食店の多くは商売気がまるでない。どこかメンド臭そうで、ニコリともしない。

レンガ作りの廃墟。地震がないんだな（しかし、1755年にリスボン大地震があり、津波の死者も１万人だったという / wiki）。

車内に吊されてるテレビ画面に３番列車で飲食のサービスをしていると。そんなの無理でしょ。荷物盗られたらどうするの。

12:45

「Next stop Coimbra」数人が降りていった。でも、さっきのAveiroからの乗客の方が多い感じだし、さらにここで乗ってきたので、乗車率50％くらいか？　Santa Apolóniaに14：30着だと。30分予想より早いんだ。

　電線の鉄塔には、コウノトリ（後日、職場の先輩で、野鳥の専門家でアマチュアカメラマンの辻本さんはトキではないか、と）か何かの巣がいくつも作られている。

　2つ前くらいに座ってるオバサンがけっこう聞こえる声で電話でしゃべっているが、日本の時より気にならないのは、言葉がわからないからかも知れない。

13:02

　畑が水田のようだ。既に収穫が終わって株が残っている。トラクタの轍もある。トウモロコシか春蒔きのコムギか。

13:07

　腹が減った。リスボンですることは食事だ。これは食べなくては。短大の製菓コースに進学したひまりがポルトガルで有名な食べ物はカステラとエッグタルトと言ってたから、それ食べて自慢しょ。

ワールドツアーⅡ ポルトガル紀行

13：20頃

カートで食事の車内販売が来た。よかった！ 今日最初のごちそう。販売員はどこか職場の久田さん似の愛想のいいオバサンだった（通路挟んで右隣のオジサンがけっこうな声で電話）。

13：41

ビールにツナサンドイッチ食べたら急に元気が出て来てなんだか涙ぐんでしまう。ビールにCERVEJAとある。時々見る気がするが、サトイモの品種・セレベスと関係がある？
（後日調べ。ポルトガル語でビールのこと）

食事したら元気出た

14：05

あと到着までたぶん30分を切っている。
リスボンですること。
① リスボン切符（リスボンカード）を買う。

② 「エッグタルト」のいい店を検索して、行く。
③ 普通にどこかおいしい店に行く。
　雨は止んだ。
④ 自分用のおみやげとかを買ってもいい。あしたでもいい。
⑤ ホテル・ローマを探す。
　食事もすんで、眠くなってきた。

15：30

　リスボン Santa Apolónia 駅着。

　やっぱり、仕方なく有料トイレに€0.5（50セント）払った。ここの係のオバサンはなんと！　愛想よくレシートをちぎって渡してくれた。Porto Campanhã 駅とは大違いだ。

　その後、この駅の「i」（インフォメーション）でリスボンカードはどこで買ったらいいか訊いたその場で、ここで買えると言われてちょっと感激した。ここのお姉さんも感じのいい人だった。

　ここで1つ迷う。一応計画（特急列車の中で考えた）では「エッグタルト」の店に行くことだった。ガイドブックには西のベレンの近くらしい。そもそもどうやって行くかわからない。

　Santa Apolónia 駅付近にないか検索したら、「80メートル」と出た。しかし、やっぱりアプリの G. マップの位置が不正確なのである。ちょっとずつズレるのだ。結局たどりついたのがアジア風の料理屋みたいなところで、その隣がなぜか「ラーメ

ワールドツアーⅡ　ポルトガル紀行

ン屋」だった。こんなところで「エッグタルト」出すわけがない。

エッグタルトを探していたのに、なぜか「ラーメン」の暖簾が

　仕方なく、バス停の標識がある方なら安全だろうと考え（周囲は治安が少々悪そうに思えた）、あてもなく歩いた（というか、何か発見のためのワンデリング）。

16：17

　ふらっと、バス停の標識が立ち並ぶ路地を歩きながら、Hotel Rome を G. マップで検索する。すると、緑線のバス735を指している。そのバス停を探すのはなかなか困難だ。行き先とか地名とかよく分からない。ただ735と路線名があるだけだ。

しかし、奇蹟はある。目の前のバス停に「735」という数字が！

数分後、私は行先を運転手に確かめ、そのバスに乗った。

16：30　Hotel Rome 着

Hotel Rome は Av.Rome っていうところだから「ローマ通り」ってことか。

俺がチェックインした後、大きなバスで観光客（アメリカ人か？）がどっと入ってきた。彼らより早く着いてよかった。急にロビーが混雑してきた。腰骨が少しくの字に出て来ている。Ｓ字になってない。でも外出して食事をした方がいい。少し小雨が降っていたが、ホテル周辺を暫くうろついてみた。が、手頃な飲

ホテルローマまでのバス路線「735」

食店はなく、小さな商店で、一応目標だったコロッケ（名物らしい。オランダ人も同じこといってたが）とエッグタルトを非

ワールドツアーⅡ　ポルトガル紀行

奇蹟的に「735」の表示が目の前に！

常食として買った。

　仕方なく、ホテル内で食事を摂ることに。フロントのおにいちゃんは、食堂は午後7時半からでないと営業しないけど、バーなら開いてると。ではそこで夕食を。なぜかまたしても、サンドイッチを注文している。

　赤ワインを頼んだら、コルク栓を抜いて、数十ミリリットルグラスに注ぎ、これでよいか、と。ああ、これがほんとのテイスティングってやつなんだ。多分、ちがうといったら、別のボトルのを開封するんだろう。気の弱い俺は素直にオッケーした。どうせワインの善し悪しもろくに分からんのだから。しかし、勉強になった。今日も一日大変だった。乾杯。

ワールドツアーⅡ　ポルトガル紀行

11月9日　Hotel Rome

3:50

　午前3時頃、車の保険屋の和田さんから電話が来た。先日の事故の件だ。新車を一旦保険会社がメーカーから引き取るという通知を私の自宅に郵送するから中身を確認して書類を記入後返送してくれと。いっぺんに現実に戻された。身体も現実に沿うように少ししゃんとなった。和田さんは俺が今ポルトガルにいることを知らない。

　しかし、肉体はかなり疲労しているから、休むべきである。61歳という年齢を忘れない方がよい。努力は大事だが、肉体の限界を超えないように気を配るべきだ。

　あと、昨日のできごとが途中で終わっている。忘れないうちに書いておきたい。が、あと2時間くらいでスマホのアラームが鳴る。明日（というか既に今日）の計画、目標は2つ。

① 　ベレンの大航海モニュメントに辿り着く。
② 　リスボン空港の宿に辿り着く。　　の2点だ。その他、
③ 　昼はあやかおすすめの店で豪華な食事。
④ 　ショッピング

これからお世話になるホテルローマの前で

⑤ エッグタルトの本場を見るか食べる、だ。

疲れのせいか、なぜか食欲があまりない。昨日の特急列車で食べたサンドイッチ＋ビールはうまかったけれども。

7:00

ヨーロッパの０階、１階、２階…が日本では１階、２階、３階…とずれるのはホテル由来なのだろうか。０階はだいたいロビーで、１階（＝日本の２階）から客室になっていて、101、102…となる。

なるほど、スターウォーズのいろんな星から来た連中が１つの空間（市場なのか、パーティなのか）にいて、１つの幻想を共有しているシーンがあったが、今私もそんな気分だ。言葉は英語もあるがポルトガル語もあり、肌の色もさまざまだ。

朝食はバイキング式だが、野菜が少なく、発酵食品（チーズとヨーグルトはある。肉も発酵させてるかも）もあまりない。日本の食文化はもっと自慢してよい。

7:20

計画というのは最低ライン＝ここまでは確実にやる、という

ワールドツアーⅡ ポルトガル紀行

のと最善レベル＝ここまでやれたらすばらしい、というのと幅を作っておくべきだ。すると優先順位が決まってくるだろう。

やっぱり、英語圏は得をしている。格差の根源だ。東洋人ははじめから不利な状況から出発せねばならない。

まだ眠いが、腰痛は昨日よりマシになっている。

野菜が少ないからかドレッシングもないわけか。今朝のタンパク質量は、アミノ酸補給サプリメントを除いて、タマゴ5g、チーズ5g、ハム5g、パン・ヨーグルト5g、計20gといったところか。これでよく眠れて、成長ホルモンが分泌されてれば腰痛・肉離れもよくなり、体力も回復するだろう。

ここの食堂（バイキング式）は感染症対策にはあまり気を配ってないな。パンやハムを摑むトングから病原体が移る可能性は高い。

パン類などの食事に用意されたものを写真に撮って部屋に戻ろう。ご馳走さまでした。

朝食のビュッフェのパン。このほかにもハムやチーズ、ヨーグルトなども並んでいた

8:00

204室着。昨日、雨の中、朝食配達のにいちゃんの車でハリポタ書店へ行った時刻だ。昨日は朝食抜きだったしね。

8:15

やっとこっちの生活リズムに慣れてきた。朝食後快便できた。便器の隣の洗う器は何なのか、やっと分かった。トイレ掃除道具を洗うためのものだ。便座の高さと同じなので、どう使うのか分からなかった。日本だともっと高く深い。

私はそこで横に移動し、尻を洗浄した。たぶん世界初(欧州には温水洗浄便座がない)。

〔後日談：またまたあやかによると、俺が使った方法で正解らしい。なので、世界初ではない〕

便器の隣の謎の容器は⁉

9:27

9時20分、緑のメトロにRome駅から乗る。ゲートもリスボンカードで通過。ここから終着駅Cais do Sodreまで。

今、盲目の乞食(23歳くらい)が何かを唱えながら杖をついて歩いている。だが、私は疑ってしまう。目から血液とリンパ液が滲んでいるのだ。特殊メイクではないのか？ サングラスをしたり、せめて拭いた方がいいのではないか。しかも目が見えないのに、不安定な電車内を行き来している。体幹は強いはずだ。日本なら生活保護の対象かも知れないし、まずとり敢えず病院だ。彼女は暫くして下車した。

ワールドツアーⅡ　ポルトガル紀行

9:39

　Cais do Sodre 駅に着いたらしい。客が全員降りたので。

　今日のメインというか、今回の「ワールドツアーⅡ　ポルトガル紀行」の最大の目的は、この西の方にあるベレンという街の「発見のモニュメント」を見ることだが、どうやって行くのか、今ひとつ分からない。バスかトラムに乗ればいいようだが、古い路面電車みたいなのも走っている。

　できればバスよりトラムの方がいいな。ここは観光地で人も多いが、リスボンカードが有効だ。トラムって、ヨーロッパ中どこでも同じなんだな。ダブリンのと同じ感じ。

10:20

　ここでは、アプリのG.マップが機能を発揮した。「15E BELEM」というトラムに乗った。時速30kmくらい。40km/hも出ていない。10分ほどでベレン地区着。トラムはロータリを大きく旋回して、また Cais do Sodre 方面へ戻っていった。

　ベレン地区には博物館やら観光名所が多数あ

乗ってきたトラムは折り返して、元の路を戻っていった

り、当初はこの近辺で宿を取ることも考えたくらい。なので、いたる所に案内標識がある。目指す「発見のモニュメント」は海方向である。G. マップはそう指示している。

　ここの公園は樹木も花も少ないが、よく整備されている。しかし、トイレがない。

「発見のモニュメント」まで、ほぼ一直線。巨大なモニュメントが見えてきた。

波を思わせるタイルが敷き詰められた「発見のモニュメント」塔入口

ワールドツアーⅡ　ポルトガル紀行

偉人たちはここから未知の世界へ旅立っていった

11：10

　ガイドブックによれば、高さ52メートルだそう。地元の権現山（新美南吉の童話『ごんぎつね』の舞台）より20メートルも高い。ひぇー！

　誰が誰なのかよく分からないが、世界史の教科書に出てくるマゼランやザビエル、バスコ＝ダ＝ガマもこのなかにいるはずだ。

　15世紀、ポルトガルは世界の最先端を突っ走ってた。この港（彫像の人達が見てる方向）から出航していったんだ。死亡率も高かったろう。俺は腰が痛い、膝もふくらはぎも痛い、おまけに寝不足でトイレに行きたい、なんて甘えたこといっててどうするよ。こいつらの生的エネルギーはこのモニュメントより巨大だ。

　有料でモニュメントの頂上まで上がれるそうだが、残念、俺にはそんな精神的余裕はない。それより、公衆トイレを探さねば。しかし、公園内にトイレはあるけど、たいがい Lock されてて使用不可。なんだそれ。

　近くのベンチで休憩。だがなんと、このベンチは大理石で、巻き貝の化石がある。この公園の石畳や階段、いたる所で化石を発見できる。凄く金かかってる。宮澤賢治先生なら、ハンマーで叩き割って標本として、持ち帰ってるかも。

　さっきから、黒服のシスター風の女性がベンチに座ってる人達に向かって何か言って回っている。俺は直感した、こいつは

ワールドツアーⅡ　ポルトガル紀行

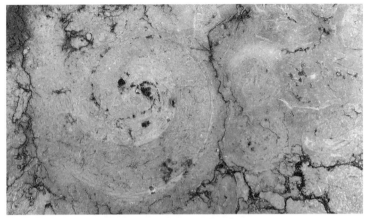

ベンチの大理石に巻貝の化石が

乞食だ。その女性はだんだん俺に近づいて来たが、話しかけられたら面倒なので、ずっと下を向いてスマホを見ていた。が、案の定、私に何か語りはじめた。そしてやっぱり、何かを売ろうとしていた。私が彼女の顔も見ずに"ノーサンキュー"と言うと、"ちぇ"と舌打ちをして離れていった。

　G.マップによれば、ここから1.2キロ東に公衆トイレがあるそうだ。でも遠いなぁ。

　スタバとかマックは近くにあるが、そこに寄ってトイレを借りる気はない。俺もこの間までスタバの会員だったが、イスラエル軍のガザ侵攻を機に退会した。スタバカードにはまだ3001円も残ってて、ちょっと泣けたけど。

12:00

あったよかった。
助かった。

苦行の聖地、それはトイレ

12:59

ベレンのとある飲食店で、店のおねえさんもやる気まる切りなし。ふざけるな、といいたくなる。努力しなくても儲かるからだろうか。

13:05

パスタ来た。これがなんと、旨い！ きしめんみたいなミートパスタだが、本物だわ。食レポしてる場合でない。冷めないうちに食べなくちゃ。
（後述：食べたのはボロネーゼだった）

サービス精神まるでなしの店員

冷めないうちに食べなくちゃ

13:32

　やっぱり、食事は大事だ。食べたらやる気になってきた。次は「エッグタルト」だ。230メートル先に、検索に引っ掛かったタルト屋がある！

14:05

　さっきのレストランはおつりをくれなかった。トイレを借りたから有料トイレなら仕方ないが、それがあの愛想のなさなのか？
　で、ベレンのタルト屋に来た。非常に混んでいる。よく知らないけどここ、タルトで有名な店みたいだ。

14:10

　食レポしてる場合じゃないが、さっきのレストランとは対照的にウエイターの接客は極めて親切、ワールドクラスだ。

　味わい深い。まず皿を温めている。中身はプリンみたいで、外は薄めでカリカリ（ちょっとパリパリ過ぎだがまぁいい）。うまい。コーヒーも上等だ。

酒呑みのオレにもわかるこの高級感

16:00

「2E」バス中。街中の建物はいくつも壊れている。車はほぼ洗車してなく、キズのある車も。街はタバコもOK。帰路はバスを選択。窓ガラスはいまいちきれいでない。

その後、Cais do Sodre 駅でバスを降りるのを、ボケッとしてて、停止してから気付き、思わず日本語で"おりまーす"、"Get Off"と叫んで、STOPボタンを押したけど扉開かず、周りの人が運転手に大声で知らせてくれ、下車できた。Obrigado!

その後も飛行場に行くのに、G.マップはバスを選択してきたけど、インフォメーションで聞くと（これも「i」マークよく気付いたよ）メトロを乗り継いでゆけとおねえさん。

メトロは楽でいい。

16:20

座席のコルクはここがコルクの産地だからだろう。また、駅の階段にしろ、ここも大理石で貝の化石がふつうに見れる。おしゃれだ。

コルクで作られたスタイリッシュな椅子

17：00

　METROの乗り換えも何とか乗り過ぎることなくスムーズだった。飛行場内で搭乗券を発券できるとスマホに案内が届いたので、場内の器械を使ってやってみた。が、最後の最後で発券できない、と器械がいい、KLMの窓口で直接頼んだら、それは明日でないとできぬ、といわれた。じゃ、なぜできるという案内が届いた？

18：00

　飛行場内からホテルMELTAは目と鼻の先くらい近い。だって、飛行場からすぐそこに見えるんだから。しかし、周辺は自動車専用道路のようで歩道がどこかよくわからない。ここでもやっぱりアプリのG.マップは役立たずだった。場内の「i」でたずねて、外への通路を教えられた。明日は、これを逆に辿ればよいのだが、覚えてるか自信がないし、道が暗かったら？

18：20

　MELTA Hotels & Resorts　ホテルは最新式だった。
　だが、どうも予約サイトとは直接関係ないらしかった。BOOKING.COMの予約IDは何の役にも立ちゃしなかった。やっぱりパスポートを出させられ、本人確認して、いろいろ説明を聞いた。自分の部屋番号が521号室なのは理解した。だが、その後の説明はさっぱり分からない。君の英語の発音が悪いの

だといってやった。否、やっぱり分からなくて当然なのだ。

とうとうフロントのおにいちゃんが直接部屋まで俺を案内することに。8.5キロ超のザックをひょいと軽く持ち上げ、俺を先導した。エレベータを使用するのにカードが必要なのだ。そんなの見たの初めてだった。カードをエレベータ内のパネルにかざして、目的の階番号をプッシュしなければエレベータは動かない仕組みになっていたのだ。しかし、おにいちゃんも失敗した。彼が俺用にくれたカードになぜか不具合があり、新しいのに取り替えてやっとエレベータは動いた。英語が分からなくてよかった。逆にパニクってたな。こんな複雑なこと、日本語で説明されたって、できないさ。

荷物を部屋の中まで運んでくれたおにいちゃんに、"若っていいね。オブリガード"と礼をいった。

あしたこの作業ができるかどうかが最初の鍵だ。明日、なんと午前5時リスボン空港を離陸予定なのである。搭乗券は飛行場に行ってからだ。したがって早めの行動を心がけよ。早く寝るべし。

11月10日　帰国の途

1:52

　エレベータも、飛行場までの道のりも心配だが、それよりアパートは大丈夫なのか？　"小田さん最近顔見ないし、洗濯物も干してないし、車そのままだよね"と言われてるかも知れない。

深夜に発つ。
さようなら、
MELIA HOTEL

3:00

　MELIA HOTEL 出発。フロントのおにいちゃん（昨日のとは別人）に、"飛行場までの送迎バスはないのか" と尋ねると、7時半のが始発だと。

　予定通り、照明はあるもののやや薄暗い道を昨日とは逆に辿って、自動車専用道みたいなところを杖をついて登ってゆく。車は少ないが、それがかえって危険だと思った。

4:10

　terminal 1 の gate12 の前、出国検査でポルトワインを没収になってしまった。担当のおにいさんが荷物を開けろ、と言う。初め何いってるのか分からなかったが、別の女性係員が少しは丁寧に説明してくれ、どうも100ミリリットル以下でないとダメ、といっているらしく、没収となった。

　私は "君にいプレゼントするよ" と言うと "要らないわ" とフラれ、初日から運んできたボトルを泣く泣く手放した（大きなポリバケツにぶち込むのを見た）。

　代わりに構内売店でポルトワインらしい白いの（小瓶）を買った。2日目の部屋にあった赤いのがここでも売ってたけど、そいつはこっそり（初日のホテルから）持って帰ってるから長谷川君には小瓶白赤1本ずつを合格祝いのお土産にしよう。

　搭乗が始まった。

4:50　機内

なんか雨が降ってきた。よかった濡れなくて。

俺の席は25Bだが、25Aに座ったようで、若い東洋系の女性（20歳くらい）が乗ってきて、このままでまぁいいよ、ってことに。なんだか、「数独」をやっている。日本人じゃなさそうだが。

5:00

じき離陸だ。外は真っ暗。でも、とても眠くなってきた。

5:45

機内サービスでコーヒーを受け取った。寝てたけど。

今回のワールドツアーⅡも、8割方をこなした。あとは、AMSでうまく乗り換え、12時間40分の苦痛に耐えるだけだ。これは苦行で、広い意味でのエコノミークラス症候群（腰痛・膀胱炎・不眠症等）を発症するかも知れない。老体にはこたえる。それさえ乗り越えたら、大阪の朝に降り立つことになる。

9:35（オランダ時間）　スキポール　雨

ゲートF4 12：55発、KIX着を確認す。

ポルトガルより1時間時計が進んでいる。気をつけねばならない。時計を進めた。

隣の座席の東洋系の子に最後、平に謝った。悪くは思ってな

い様子だった。やはり、肌感覚というか、どこか通じるものがある。彼女のマスクに… Bang（＝邦か榜か？）とあったから中国系なのか？　彼女の右隣の男性とはポルトガル語で話したようだった。

10：03　出発ゲートF4着　雨

　スキポール空港は広い。ここまで来るのに、小１時間かかっている。その間、国際線に行く大勢がパスポートをスキャンして顔認証することに。とても面倒だった。
　さて、ここからは食事でもしてゆっくりしよう。

10：55　F4ゲート前　雨

　去年、アイルランドの帰りに寄ったスキポール空港構内はとても華やかで売店も充実していて、食事もうまかった。F区ではレストランみたいなものもなく、食った物は片付けもせずゴミをそのままに。汚い。
　サッカーの試合で日本のサポータのマナーのよさが言われるが、それは学校でくどくど調教されるからだろう。いいことだ。
　それは店員の仕事で、自分がすることではない、という文化なんだな。ゴミ箱あるんだから自分できれいにすればよい。清掃員だってすぐ片付けるわけではない。我々はきれい好きを誇るべきである（ただし、哲学者・中島義道はそうは考えない）。

12:05 スキポール　雨

昼食もっといいとこがあった。時間があるのだからもっと探せばよかった。売店でブリューゲルの2024のカレンダーを売ってた。で、購入した。なんかちょろまかされた感じ。€14.99だが、俺は€15払ってつりもなく、たぶんインチキなんでBillもくれなかった。こういう奴もいるのだ（だが、袋をいったらくれたから、許す）。

そうそうRijksmuseum

スキポール空港に
Rijksmuseumの支店が

さすがにオランダは芸術の水準が高い

ワールドツアーⅡ　ポルトガル紀行

の支店があり、10点ほど、そこそこの風景画（19世紀後半）が展示してあった。これは画期的アイディアだ。そのことをSNSに投稿した（ら、ちょっと反響があった）。

　犬を連れてるおじさんがガーガーいびきかいて寝ている。あと5分ほどでゲートが開くはずだ（12：10）。

犬が、気持ちよさそうに寝るご主人様の足元でおとなしくしている

14:00　KLM機内で

自分のところだけイヤホンがないのかと思っていたら、全員ないのだった。ほしい人は挙手。で手に入れた。KLMはクラシックが充実している。12時間では足りないくらい。

まず、クリストフ・エッシェンバッハ指揮、Ray Chenバイオリンでモーツアルトの『バイオリン協奏曲3番』(オケはベルリン・コンツェルトハウス管弦楽団)。うちのクレーメル版、ヒラリー・ハーン版よりいいかも。モダンなモーツアルトだ。

15:20

今から10分くらい前、昼食のカートが現れた頃だった。AEDか何かを後方へ運んでいく。いやその前に、放送で「medical…」という単語だけ聞き取れた。病人かなと思った。その通りだった。私の後方10列目くらい、50代くらいの男性がぐったりとなり、通路を引き摺るように運ばれていった。意識はなかったようだった。こういうこともあるだろう。エコノミーなんだし。

それはそうと私、チキンかパスタでパスタを選択した。あとRed Wineと。

15:40

私の隣の男性はもしかすると耳が聞こえないのかも。昼食を頼むのに「Beer Meet」とスマホで示していた。それとも声が

出せないのかも知れない。

　今、ブルックナーの Nr. 8 をティーレマン＋ウィーン・フィルのハース版で聴いている。まさに、天上の音楽だ。

15：55

　この飛行機はちなみに東回りつまり、ベラルーシ、ウクライナの南方を通過するルートである。去年（ワールドツアーⅠ）はここを通らなかったと思う、ウクライナ戦争のせいで。
　事情が変わったんだな。

16：03

　外はだんだんと暗くなってきている。でもなぜか、紅とか茜色ではない。暗黒の世界へ入っていく感じだ。

17：20

　カスピ海の西を飛んでいる。北の方角に町の灯が見える。クサクマズ（検索ソフトで調べたがこういう地名は出てこない）辺りか？
　たぶんコックピットの機長とか操縦席の人達にはきれいな星空が見えている筈だ。
　黒海を横断し、今カスピ海にさしかかっているが、つまり現在戦争している地域ウクライナとパレスチナ－イスラエルの丁度まん中を飛んでいるのだ。このまま飛ぶと K 2（＝8611メ

ートル）の上空を越える。

19:00

あと6時間30分くらい。まだ我慢できると思うが、体を慮ってトイレへ行きストレッチをした。丁度、通路側のおじさんも席を立ったところだったので、私も。

帰ってきて席に着くと、私の小学生用の防犯ブザーが鳴って、客室乗務員が飛んでくるかと慌てた。非常に恥ずかしく、周囲に迷惑をかけてしまった。

今、タシケント（ウズベキスタンの首都）の北。

タクラマカン沙漠の北を通過するルートを取る。

23:13

だんだん空が明るくなってきた。中国北京の上空あたりらしい。

7:15（日本時間）

あと2時間08分でKIX着。ムソルグスキー『展覧会の絵』を聴いている。

7:35

少し前に日の出。やっとここまで来た。なるほど、日光が強烈だから、左側の窓にブラインドをしたのだ。だから外は見え

ない（アイルランド紀行の98ページを参照せよ）。

8:24

　朝食を食べた。隣のあんちゃんは食欲の塊である。よく寝るし、若者（よく見るとそれほど若くもない）はそういうものだ「若者は遺伝子の奴隷」（歌う生物学者・本川達雄博士の謂）。
　KIX 到着まで1時間を切った。凄いねぇ、帰るって感じがして来るね。

9:28

　KIX 到着。シートベルト装着のランプが消えた。
　私のミッションは取り敢えず終了した。あとはアパートがどうなってるかだ。6日も空けてたから、近所の人が「あの爺さん孤独死してない？」って言ってるかも。

11月11日　自宅アパートで

21:50

　その後、JR関空駅の外国人観光客用の列に並んでいて、時間をロスしたけど、途中で気付きみどりの窓口で関西空港から名古屋駅までの乗車券と特急券を2種類、JR関空－新大阪までのはるかと新大阪から名古屋の新幹線のぞみを購入した。

　新大阪－名古屋は意外と短く、俺は500ミリリットルの缶ビールと、KLMの機内食（朝すごく早くもらって食べれなかった）を食べてたらすぐ名古屋で少々焦ってて、下車した。

　その時、バッテリーとスマホUSBケーブルを忘れたらしい。最後の最後でミスが出るとは。

　丁度ボールペンのインクが切れた。JR西日本大阪忘れ物センター0570-004-XXX

　列車、新大阪12：30のぞみ12号3A名古屋で下車→バッテリーと白のスマホUSBケーブルをJR東海お忘れ物案内に忘れ物登録をした。

　やはり面倒くさい。面倒というより　受付番号2311110492

　後日談。バッテリーはおよそ1週間して、なぜか自宅の洗濯

物を入れる駕籠(かご)の傍から奇蹟的に発見された。
　JRの担当の方、すみませんでした。

持ち物リスト

〈ワールドツアーⅡ　ポルトガル紀行　2023/11/6~11/11〉

衣類　　①山用パンツ　②折畳傘　③カッパ　④携帯カイロ
　　　　　⑤靴下長短　⑥シャツ　⑦パンツ　⑧雨用靴
　　　　　⑨タオル　⑩防寒具　⑪もも引き　⑫帽子
　　　　　⑬眼鏡2つ　⑭マスク　⑮ハンカチ
　　　　　⑯キネシオテープ　⑰ビニール袋

電気機器　①スマホ　②コンセント2種類（ポルトガル用）
　　　　　③アダプター　④バッテリー
　　　　　⑤スマホ接続ケーブル　⑥バッテリー接続ケーブル
　　　　　⑦Wi-Fi　⑧自転車の照明（USB接続）⑨時計2つ
　　　　　⑩ブザー（小学生防犯用）

書類　　①パスポート　②コロナ接種証明　③記録ノート3冊
　　　　　④メモ腕輪／ウエアラブルメモ（ボールペン仕様）
　　　　　⑤手帖　⑥地図　⑦ガイドブック　⑧住所 A.B.C.…

薬類　　①アルコール消毒シート　②アルコール消毒スプレ
　　　　　③トイレットペーパー　④水洗に流せるお尻拭き
　　　　　⑤屁止め薬

お金とか　①€小銭　②クレジットカード2種

食料　　①アミノ酸栄養補助食　②プロテイン・バー
　　　　　③栄養補助食

あとがきおよび謝辞

あとがきおよび謝辞

　昔話（「まえがき」）の続きです。
　オランダの姉妹校との交流期間中にあるトラブルが発生した。研修地からの帰り、電車の中だったと思う。相手校の団長Ｇ氏がオランダ・われわれ双方のスタッフ全員（6、7人）を集め、ミーティングをしたいという。その時Ｇ氏に"ミスター・オダ、君は私の言うことを他の2人の日本人スタッフに通訳して欲しい"と頼まれた。
　Ｇ氏とは別の日に、二人だけで高速道路を移動したことがあり、日本側スタッフ3人の中ではオダの英語能力がそこそこマシだと考えたのだろう。私は通訳役に抜擢された。しかし、多少英会話が進歩したからといって、複雑な内容を理解することは無理だった。
　ところが困っている私に、スタッフのひとり実習助手のＩさんが耳打ちした。Ｇ氏が言ってるのはこういうことではないですか、と。内容はややこしいので省略するが、要は一部のグループの人間関係がギクシャクしていて、研修等がスムーズにいっていない。それでオランダの生徒が辛い思いをしている、ということ。つまり、Ｉさんはミーティングの前から、そのこと

を察知していて、Ｇ氏から話があった時、「ああ、やっぱり」と思ったのだ。

　私はＩさんの説明にかなり驚き、ショックをおぼえた。生徒をほったらかして自分のために研修旅行をしていたつもりはないのだが、彼らの状況がまるで把握できていなかったのだ。これは英会話能力の問題ではない。仕事に対する私の責任感の欠如であり、人間関係を含めた全体を見渡す状況把握能力の欠如でもあるだろう。私は大いに反省した。

　しかし、少し安心もしている。異文化交流に英語能力は必須ではないらしい。せいぜい英検３級程度あればいい。いざとなればスマホの翻訳アプリも使える。アイルランドでもポルトガルでもいくつか困難に遭遇したが、結局最後は人間力のようなものが鍵なのだ。つまり外国旅行は人生経験をつんだ高齢者の方が向いているのじゃないか。

　円安、戦争、感染症、強盗やスリ、等々心配しはじめたら切りがありません。Ｉさんはじめ、Ａ農高とＷカレッジのみなさん、貴重な経験をさせていただき、ありがとうございました。膝の調子は１年間のリハビリのお陰で結構よくなりました。Ｏ

あとがきおよび謝辞

整形外科の皆さん、お世話になりました。姪のあやかさん、その節はとても助かりました。また、よろしく。次はヨーロッパのどこへ行こうか考えているところです。本書の続篇も請うご期待（ただし、資金がなくなり次第自然消滅です）。

あと、文芸社の皆さんには、本書を作るにあたりいろいろお世話になりました。感謝申し上げます。

著者プロフィール

小田 伸（おだ しん）

1962年生まれ。
2022年3月　県立農業高校定年退職。
現在、同校非常勤講師（農業）。

還暦欧州苦行紀行 アイルランドおよびポルトガルにて

2024年12月15日　初版第1刷発行

著　者　小田 伸
発行者　瓜谷 綱延
発行所　株式会社文芸社
　　　　〒160-0022　東京都新宿区新宿1-10-1
　　　　　　　　　電話 03-5369-3060（代表）
　　　　　　　　　　　 03-5369-2299（販売）

印刷所　株式会社フクイン

Ⓒ ODA Shin 2024 Printed in Japan
乱丁本・落丁本はお手数ですが小社販売部宛にお送りください。
送料小社負担にてお取り替えいたします。
本書の一部、あるいは全部を無断で複写・複製・転載・放映、データ配信する
ことは、法律で認められた場合を除き、著作権の侵害となります。
ISBN978-4-286-25698-6